金利高でも

やっぱり
東京中古
ワンルーム
マンション
投資が最強です!

台場史貞
Daiba Fumisada

まえがき

不動産投資の最初の一歩には悩みがつきものです。特に金利が上昇気運にあったり、経済や働く環境が不安定であったり、政治・国全体が今一つ信頼の置ける状態になかったりすると、その悩みの前で立ちどまり、考えあぐねてしまう人もいるでしょう。

では、立ちどまったままでいいのか。そういうわけにもいきません。もろい砂の上に立ったままだと、足もとから砂が崩れていきます。特に40代、50代くらいまでの働き盛りの人にとって、勤めている会社が傾いたり、諸々の不安要素で精神的にまいったりして足もとの砂が崩れ始めたら、たまったものではありません。

自分と家族の20年先、30年先は誰も救ってはくれません。自分で砂を固め、その固い砂の足場を広げていかないといけないのです。

不動産投資は自分の足場固めをしたいと思う人にとって格好の場であり、手段・ツールです。今の仕事を辞めてまで、まるで博打を打つかのようにチャレンジする必要はありません。できることから着実にやっていける資産形成法であり、生活資金の獲得方法なのです。

しかも、正しく無理なく根気よくやっていれば、他人にとやかく言われることもありません。


昨今は物価が上昇してきましたし、金利も上昇気運にあります。今後、経済の不安定が続くのか、落ち着くのか、さらに悪くなるのか、国内外の貿易、政治的対応、経済情勢などさまざまな要因が絡むので即断はできません。自分で判断してもどうにもならないのが、経済の先行きというものです。

私たちにできることは、今後20年先、30年先、経済状況がどのように変化しても無理のない選択をすること。それだけです。

不動産投資はそのような外部要因を考えても〝もっとも確度の高い選択肢〟の一つです。そのことはいろいろな投資を行い、難局を乗り越えてきた私や私の仲間が断言します。


ただ、そう太鼓判を押しても、全員がうまくいくわけではありません。どんな世界にも無茶をしたり〝山っ気〟を出したり、自信過剰で勘違いする人はいます。自分の命と同様に、100%保証される選択肢などないのです。

そこでお勧めしたいのは、まず「自分流」とも言える自分の資産形成スタイルを持つこと。次にその自分流により確信が持てるように、他人の意見に耳を傾けることです。

本書は私の不動産投資手法とともに、とかく長期間にわたる不動産投資でのモチベーションの維持方法についてまとめました。

さまざまな手法がある不動産投資の中で自分にとって何が最適なのか、他人から見ても最適と言える手法なのか、物価高・金利上昇など経済情勢が変わりゆく局面でも微修正できるのかなど、総合的に考えて最初の一歩を踏み出し、二歩、三歩と自分の足で歩いていきましょう。

本書がその一助になれば、幸いです。

2025年3月

台場史貞

※本書の内容は2025年1月末までの情報に基づいています。

第3章 誰にも何にも負けないための「投資テクニック」

第4章 買い方と増やし方こそが「負けない不動産投資」の真骨頂

第5章 何が起きてもびくともしない モチベーションの保ち方

第6章 勝ちも負けもない充実したセカンドライフを実現しよう

編集協力 菱田編集企画事務所／認定NPO法人シニアテック研究所

プロローグ

今、東京中古ワンルーム投資が抱える課題

1 目下の課題は金利上昇

YouTubeでの批判は的外れ

「中古ワンルーム投資はちまちましていて儲からない」

「不動産投資で成功した人を見たことがない」

最近はYouTubeなどでそんな声を耳にすることが増えました。

果たして、それは本当でしょうか？

20年前、46歳で私はおそるおそる東京の中古ワンルーム投資をはじめました。それから20年、投資としての資産も家賃収入も順調に成長し続けています。

「私の中古ワンルーム投資は成功した」

そう自負しています。

なので私自身は、東京の中古ワンルームに特化した投資は、安全で「超」がつくほど安定した投資であると確信しています。

そして私だけでなく、私のまわりにも、資産家や資産家に向かって順調に歩みを進めている人が増え続けています。

投資である以上リスクは当然ある

とはいえ〝投資〟である以上、やり方を間違えれば失敗するリスクは当然あります。

私に相談に来られる人の中にも、いわば〝危険領域〟で投資を続けている人も散見されるのは事実です。

具体的には、1億円を超えるような大きな投資額であるにもかかわらず、不動産投資の総資産のうち借入金の比率が5割を超えていたり、投資のほとんどを借入金に頼っていたりするような人です。

そういった人はおそらく、これまで長い期間、金利が歴史的に見ても低い状態が続いてきたことで安心しきっているのでしょう。

「借入金の返済は家賃収入で行うから大丈夫」

そんなふうにタカを括っているのかもしれません。歴史的な低金利が永遠に続くかのような感覚に陥り、自分自身の不動産投資が危険な領域にあることすら感じていない人もいるようです。

異変に気づいたときは、すでに手遅れ!?

しかし、これまでと同じような超低金利がいつまでも続くとは言えません。2024年以降、金利は緩やかながら上昇気運にあります。

今後の金利は上昇することはあっても、下降することはあり得ない。現在の経済環境や景気動向、日銀や各種銀行の対応・動向などを見ると、そう考えたほうが自然です。

そして金利が上昇すると、銀行の融資姿勢や不動産業者の営業姿勢が変わったり、不動産賃貸市場が変わったりしてくることも考えられます。

こうした〝異変〟に気づいたときにはすでに返済できない、家賃収入が確保できないなど、手遅れになるケースが出てくるかもしれません。

3%程度の金利上昇は織り込んでおくべき

金利の影響についてはわかりやすく、単純にして考えてみましょう。

1億円の借金をして、仮に金利が3%上昇したらどうなるでしょうか？

単純計算で、年間300万円の利益を失うことになります。2億円の借金であれば、年間600万円の損失です。

その損失分をどうやって補うのか？

しかも1年限りではなく、毎年それだけの損失が生まれ、それを補うだけの稼ぎを得なければならないのです。

もしその損失を取り戻すためだけに不動産投資を重ねたりしたら、損失分を増やすことになりかねず本末転倒です。破綻するのは目に見えています。

金利上昇局面では、「いっぺんに」と言うわけではなくとも、やがてこの程度の上昇が起こることは見込まれると考えておかないといけません。

1990年前後のバブル期の金利状況を記憶している人は、きっとうなずくはず。当時、預金の金利ももちろん高かったのですが、不動産投資を借入金で行う際の借入金利は9%を超えていたのです。

それを考えれば、9%になることはなくても、3%程度の金利上昇は数年のうちに起こり得ることと想定した上で備えておかなければなりません。

2 金利上昇に備えるにはどうすればいい？

失敗する人は借入金の額が多すぎる

では、金利上昇に備えるにはどうすればいいのでしょうか？
それは借入金の額、投資額に占める借入金の割合を低く抑えるほか方法がありません。
私はこれまでセミナーで繰り返しお伝えしてきました。
「不動産投資で失敗する人のほぼ１００％が、借入金の額が多すぎる」
別の言い方をすれば、こう言えるかもしれません。
「たとえその投資法が間違っていたとしても、借金をコントロールできていれば、少なくとも失敗にはならない」

さらに別の言い方をすれば、こういうことです。

「投資でいちばん大切なのは致命的な失敗をしないこと」

「借金をコントロールできていれば致命的な失敗はしない」

「借金してはいけない」わけではない

ところが、ここで不動産投資と借入金、さらに借入金利の〝悩ましい関係〟に直面します。

「不動産投資は、その取引金額の高さから、借入金をしなければ前に進まない」

現実問題として、よほど多額のキャッシュを持っていない限り、借入をしない限り不動産投資はできません。つまり、こういうことです。

「他人資本である借入金をして、それを入居者様に返済していただく、すなわち家賃収入で返済しつつ資産を形成するのが定石であり、基本である」

ですから、私は「借金してはいけない」と言うつもりはありません。

大切なのは、借金をコントロールできる状態に持っていくこと、借金と投資のバランスを考えつつ次の投資に向かうことです。

借金と投資のバランスをコントロールするにも、上手・下手がある

特に金利上昇局面では、このコントロールの上手・下手が成果に直接的に影響してきます。

金利の低い間は借金をしても返済に困らないでしょうから、正解です。ところがそれを「返済に問題はない」と早合点して、借金の額を増やし続けて投資を重ねたり、早く資産を形成したいがために短期間に多額の借金をして資産を保有できたかのような錯覚に陥ったりしてしまうことは、とても危険です。借金を含んだ資産の大きさを語っても、現状の借金額を明確にしないのはその表れです。

本当に成功した資産家というのは、手持ち資産の額の多さだけを誇って〝借金も財産のうち〟などとうそぶいたりすることはありません。手持ち資産から借金の返済額などの負債を差し引いた残りの純資産額で、自分の投資はうまくいっているのかを評価し、また他人からも評価されるのです。

経験に裏打ちされたアドバイスが必要

このような金利上昇局面において私たちに必要なのは、金融などに関するアナリストではなく、経験に裏打ちされたアドバイザーです。金融アナリストは金利動向について予測してくれますが、投資方法について親身になってアドバイスしてくれることはありません。

「今は次の投資より借金の返済を優先させたほうがいい」

「これ以上大きな借金を抱え込まずに投資するなら、こういう物件がある」

そんなふうに直接的・間接的にアドバイスしてくれる存在が大切なのです。

私にも、そういう存在の人がいました。最終的に自分を救ってくれることになった不動産投資の基礎は、株式会社日本財託という不動産会社を通して行った投資ですが、その会社の〝伝説の営業マン〟と呼ばれている田島浩作さんという人物です。不動産コンサルタントとしても活躍している彼と私は同年代で、彼と出会うことで、私は不動産投資の基礎も資産そのものも、安定した家賃収入も形成していくことができました。

自分に足りない知識は、各種の本や情報から得る部分もありましたが、並行して田島さんに頼ることで不動産投資のスタートを切ることができ、正しい方向性を見出すことができたのです。

私はずっと愛知県に住んでいますが、毎月のように上京し、田島さんとお話しすることで知識を吸収することができました。それは、無駄に悩む時間をショートカットする上で大いに役に立ち、彼のアドバイスは〝必要な足踏み〟をすることに役立ちました。

どんな人も自己流を押し通して投資を続けることは、失敗につながりかねません。その点、信頼できるアドバイザーの存在は重要です。特に、金利が上昇する局面において、その投資の是非を判断するときにアドバイスしてくれる人の存在は本当に重要なのです。

本書も、そのような存在になることをめざして書きました。

3 正しいアプローチを武器に、情熱と信念で乗り越えよう

金利上昇局面での正しい投資アプローチとは?

金利がどう動くかは、自分ではどうすることもできません。それだけに、どう動いたとしても対応できる状態にしておく、すなわち備えておくほか方法はないのです。

前述のように、不動産投資は特に投資金額や借入金の額が高めです。それだけに、危険性があることは間違いありません。

しかし、投資物件の対象を絞ったり自分の資産との見合いで借入割合を安定的に保ったりするなど、危険性を避ける方法はあります。

不動産投資を行い、かつ金利上昇の危険性をゼロに限りなく近づけるには、現金で投

資すること。これは正論ですが、それができないから皆どの程度が安全か、危険とは言わない状況か、に悩んでいるのです。常に〝安全圏〟にいるような状態にするにはどういう対策をしたらよいか、と考えあぐねているのです。

しかし、そのハードルは決して高いものではありません。本書では金利上昇気運のある今、最低限避けておくべき不動産投資の方法について、自分自身の経験を踏まえた上でまとめました。まさに、金利上昇局面での正しい投資アプローチ方法です。

成功の方程式を実践するのはあなた自身

加えてこの投資アプローチ方法は、最近多くなってきた、「不動産投資では儲からない、不動産は危ない投資だ、ワンルームマンション投資なんて、いつまでもキャッシュが得られない」などと喧伝するYouTuberや他の商品に投資している人たちへの反論の意味合いもあります。

実際には、私のまわり、投資家仲間には多くの成功者がいます。私と彼らに共通するのは、いろいろと思い悩みながらも、〝機械的〟に投資していることです。

機械的に、とは「ときに脇道を覗き見することはあっても、成功する不動産投資のセオリーに従って、手順を確認しつつ間違えずに進めていく。そのことに信念を持ち、情熱を傾ける」ということです。結局のところ、本書のとおりにやれば成功し、色気を出したり思い悩んだりしてやめたら失敗に近づきます。

本書では、その成功の方程式の〝ツボ〟をまとめています。

成功の方程式を解き、実践するのは、ほかでもないあなた自身です。誰かがやってくれるわけではありません。さらに、何かを成し遂げようとするには、情熱と信念が必要です。情熱と信念が実を結ぶには、若いうちからはじめておくことも欠かせません。その上で、さらに先行者の知識と経験を味方につけることができれば、成功への到達点がはっきり見えてくることでしょう。

会社に頼らなくとも生きていける世界をめざして

私は35年間に3回転職をしながら定年間際までサラリーマンを続けてきました。わけあって定年後の嘱託再雇用も受けず定年の3年ほど手前でサラリーマン生活をリタイアしましたが、35年間、エンジニアを生業としてきました。加えて20年前、40代で不動産投資をはじめるまで、会社に依存することでしか収入を得る術を知りませんでした。

しかし、最初に勤めた会社が倒産寸前になり、その後リーマンショックや東日本大震災による会社の浮き沈みを見るにつけ、サラリーマンと並行してはじめていた不動産投資の安定性に気づかされました。最後は不動産に救われるように早期退職でき、ＦＩＲＥ（早期にリタイアし、経済的自由も得ること）を実現しました。

会社に頼らなくとも生きていける世界がここにあったのです。皆さんもサラリーマンの世界に少しでも疑問があるのであれば、将来に備えて早いうちに不動産投資をはじめておくことをお勧めします。

第1章

あなたを破綻に追い込む「投資用マンション」はこれだ！

1

「買ってはいけないマンション」を判別する8つのポイント

これらのポイントだけ避ければ失敗しない！

不動産について勉強することなく、ちょっと詳しい上司や同僚に勧められるまま購入した投資用物件が〝赤字続き〟という例が多く見られます。家賃収入より返済額が大きく、最終的に売却すると決めたとしても、多額の借金が残ってしまうような状況です。

借金返済に窮して、不動産会社などの相談窓口に駆け込む例も今後は増えてくるでしょう。現実に金利上昇気運の中で「金利負担に耐えきれない」とおびえ、「この物件を買っても大丈夫か」と、安直ですが私のもとに相談にくる例もあります。

私に言わせれば、そうした物件のほとんどが「買ってはいけないマンション」です。

具体的には、次の8つのポイントで判断できます。

①新築マンションか中古マンションか
②旧耐震の物件か新耐震基準の物件か
③相場より極端に安い物件か相場に近い値の物件か
④ファミリータイプかワンルームタイプか
⑤地方の物件か都会の物件か
⑥サブリースつきのマンションかどうか
⑦相場価格を度外視した高額なマンションではないか
⑧フラット35を用いた投資用中古物件ではないか

投資用にマンションを区分所有することが前提ですが、これらのポイントで判断すれば、不動産投資に失敗するようなことはありません。最初の不動産投資、2戸目以降の不動産投資の入口の段階で、ボタンのかけ違いをやってはいけないのです。

では、それぞれにどのようなマンションか、詳細を見ていきましょう。

買ってはいけない8つのマンション

①新築マンション

②旧耐震の物件

③相場より極端に安い物件

④ファミリータイプ

⑤地方の物件

⑥サブリースつきのマンション

⑦相場価格を度外視した高額なマンション

⑧フラット35を用いた投資用中古物件

2 ポイント①新築マンション

新築マンションは値下がりしやすい

マンションの取引価格は新築での販売後10年くらいの間の下落率が高く、15年を経過するとほぼ横ばいに近い価格になります。なぜなら、マンション価格は次の２つの組み合わせにより構成されているからです。

- ・劣化を伴う建物の価格
- ・劣化することのない土地の価格

つまり、経年により土地の按分率が高くなっていき、取引価格に占める土地の割合が高くなるほど値下がりしづらくなっていくしくみなのです。

実際、都心の中古マンションの場合、土地価格の割合が70％を超える場合も少なくありません。80％を超える物件もたくさんあります。

つまり、都心の中古区分マンションを購入することは、個人ではとうてい買うことのできないような優良な都心の土地を、分割して購入することにほかならないのです。

金利上昇期に新築マンションを購入すると、返済負担で痛い目に遭う

新築マンションを購入した場合、新築当初の入居家賃と比べたときに、退去者が出たあとの中古物件としての家賃は、大幅に下げないと入居者がつかないことになりかねません。

しかし、借入を起こして購入した場合、家賃を大幅に引き下げると、返済原資が大幅に減少します。金利上昇期には返せなくなってしまいかねません。

つまり新築の購入後、数年で退去があった場合、当初の返済シミュレーションどおりにいかなくなり、キャッシュフロー（家賃収入からローンの返済や経費、税金などを差

し引いた、手もとに残る現金）がマイナスになる、すなわち〝持ち出し〟になることはほぼ間違いありません。

修繕積立金についても同様です。新築当初は見せかけのキャッシュフローを多く見せて販売しやすくするために、格安の設定がされている場合があります。たとえば本来は月５０００円ほどが必要であるにもかかわらず、５００円と設定されているといった具合です。

そのような新築物件でも、大規模修繕が確実に必要になります。そのため、大規模修繕の時期が近くなると、修繕費が大幅に値上げされます。それがオーナーの利益を圧迫することになるのです。

節税効果も初年度だけ

「仮に赤字を計上しても、確定申告で税金を取り戻すことができます！」

新築販売業者の典型的なセールストークです。私が過去に参加した新築販売業者のセミナーでも、確定申告で戻ってくる税金の目安を計算シートにもとづいて計算させられたことがありました。

確かに購入時の事務手数料が多くかかる初年度は、それを経費として計上すれば多くの税金が還付され、節税が可能です。しかし、2年目からの節税効果はほとんど期待できません。

そもそもサラリーマンの不安定さから脱却することが大きな目標であるなら、毎年、着実に利益を出しながら税金を払っていくのが本来のやり方です。

赤字前提でサラリーマン収入に完全に寄りかかった状態で不動産投資を続けていけば、サラリーマンの呪縛から永久に脱出できません。それではFIREの実現は夢のまた夢です。

FIREの夢を実現できた人は皆、正しい不動産投資で利益を生み、税金を納めています。それが正しいFIREの姿なのです。私の不動産投資仲間も、そうした生活を実現しています。

そうは言っても、新築マンションを購入する人がいなければ、中古マンションは発生しません。申し訳ないことですが、誰かが新築マンションを投資用に購入したら、「ババを引いてくれてありがとう」と思っていればいいのです。

誰かに新築マンションを買っていただいたあと、自分は損金を計上したあとの中古マンションを安く、ありがたく購入させていただく。これしか利益体質のある不動産投資をする方法はありません。

絶対に新築マンションを〝買う側に回ってはいけない〟のです。

3

ポイント②旧耐震の物件

安いからといって旧耐震の物件には手を出さない！

１９８１年に大幅な耐震基準の変更がありました。それ以降もマイナーな変更があったため、新しいマンションのほうがより地震に対して強くなっています。

一方で、１９８１年以前の旧耐震基準の物件のほうが、相場より安く購入できるケースがあるでしょう。これは「安かろう・悪かろう」の最たるものです。

私の場合、購入基準は基本的に１９８１年以降としています。１９８１年でも年初に建てられたものは旧耐震物件の可能性があるため、購入時にしっかり確認するようにしています。

その大きな理由は、購入後すぐに耐震補強の修繕のために多額のお金が必要になる可能性が高いこと。それは余分な持ち出しとなり、金利上昇局面においては、返済シミュレーションを狂わせてしまう原因にもなりかねないからです。

ただし、超都心の立地条件のよい物件で、旧耐震基準でもその後の耐震補強が行われていれば、1981年以前の物件でも購入の対象に入れても大丈夫だと考えています。それほどマンション購入に際しては、場所の優位性が高いのです。

「入居者が離れる可能性」を極力抑える

不動産投資にはいくつかのリスクがあり、そのうちの購入リスクとして、「地震が起きたら投資計画が大きく狂うのでは？」と懸念する人はたくさんいます。

しかし、過去に大震災が発生した地域でも、新耐震基準にもとづいて建てられて倒壊した物件はまったくありません。

都心の一等地であれば、大きな地震があっても賃借人がまったくいなくなるようなことは考えにくい。しかも、新耐震基準の物件であれば、地震保険にも安く入ることができます。

要は、「入居者が離れてしまう可能性」がある物件を、買わないようにすることです。金利が上昇していく時期に、入居者がいなくなってしまうと、返済に大きなダメージを受けます。それだけは極力避けるようにしたいものです。

地震リスクに対する考えを見直してみよう

無理のない返済を実現するため、自分の不動産投資のリスクに対する考えを見直してみるのもいいことです。

まず、地震が起きて自分の投資物件が損害を被ったとしても、補償されるのは損壊した建物部分のみです。つまり、購入価格に近い額の保険金が入金されるわけではありません。

しかし、中古マンションの価格の大部分は土地代です。そうであるなら、「新築物件より中古物件のほうが地震に対するリスクは低い」と考えるべきです。

また、投資マンションに対しては地震リスクを語るのに、自宅は地震保険に加入していない人が多く見受けられます。

地震被害の影響をもっとも受けるのは、投資用物件ではなく自宅です。自宅の地震リスクに対しては、十分に備えておきたいものです。

さらに、不動産投資でも分散投資という手法は、リスク低減・回避の面で重要です。その点、地方に住んで都心のマンションに投資すれば、地震や自然災害を同時に受けない可能性が高まります。分散投資と同様に、リスクはさらに低くなると考えてもいいでしょう。

4

ポイント③相場より極端に安い物件

まずは借地権を疑ってみるべき

検索サイトで物件をチェックしていると、極端に値段の安い物件に目がとまることがあります。内容を詳しく見ていくと、多くの場合は借地権つきの物件です。

借地権つき物件とは、マンションの建っている土地の所有権は地主が保有したままで、土地の借地権とマンションをセットにして販売している物件です。

借地権つきの物件はさまざまな制約があります。まず、借地権の有効期間、すなわち投資物件の使用期限は購入前に決まっています。さらに、使用期限を延長できるかどうかは物件の所有者に決める権利はなく、土地の所有者がその権利を握っています。その面では「購入しても売りづらく、買い手がつかない」物件なのです。

特に複数のマンションを区分所有している投資家は、次の投資を行うために新たにキャッシュが必要なとき、返済負担に困ったときなどに、前に購入した物件を処分することもあります。このとき、売却しづらい物件ほど困るものはありません。金利が上昇してきて、物件を買い替えたいと思っても、如何ともしがたい状態になります。

流動性が極端に悪い物件は、将来大きな問題を残すことになりかねません。結局、不動産投資の成否のカギを握っているのが土地の所有者であることが重要なポイントです。

借地権つきでなくとも、相場より20％も安い物件は疑ってみる

借地権つきでなくとも、相場より極端に安いマンションには、問題を抱えているものも数多くあります。たとえば、次のような問題です。

①管理組合が事実上、存在していなかったり、あっても機能してない
②管理費の滞納者をたくさん抱えている
③大規模改修のお金が集まらず、組合が借金している

①や②は、玄関口やロビー、共有部分が雑然として、入居者がいない状態を招きかねません。③に至っては、その借金の返済を分担して肩代わりしなければならないような事態にもなりかねません。

いずれもそれらの負担を入居者に負ってもらうことはできにくく、入居者が離れてしまうか、物件の所有者が余分な支出を強いられるか、得なことは何もありません。だからこそ、こうした問題が物件価格に影響し、前の所有者は相場より引き下げても売り抜けたいと考えているのです。

大まかに言って、相場より20％も安い物件は、とにかく疑ってみるべき。ひとまず購入を控えたり、どこかに物件の〝強み〟はないかと探したり、しっかり検討してから購入すべきかどうかを判断すべきです。

相場より極端に安い物件には裏がある

①管理組合が機能していないマンション

②管理費の滞納者を多く抱えたマンション

③大規模改修のお金が集まらず、組合が借金しているマンション

結局、入居者が離れてしまうか、
所有者が余分な出費をするか。
ろくなことにならない。

5 ポイント④ファミリータイプ

ファミリータイプは売却しづらい

ファミリータイプの物件のいちばんの欠点は、売却しづらいことです。

ワンルームマンションの場合、その購入者は自分が入居するために購入するのではなく、家賃収入を得るための投資家であることがほとんどです。つまり物件を売却したくなったら、自分と同じような投資家に売ることになるわけです。そのため、その物件に入居者がいても、オーナーチェンジというかたちで売買契約が成立します。

ところが、ファミリータイプの物件の場合、購入者は投資家よりも、自分が住むために購入する人のほうが多くなる傾向にあります。この場合、すでに入居者がいる物件は購入対象から外れてしまいます。その結果、物件を売却したくなってもなかなか購入希望者が見つからず、早期の売却が困難になってしまうのです。

金利上昇局面ではさらに売却しにくくなる

特に昨今のような金利上昇局面では、その傾向は強くなります。

ワンルームマンションを投資家が購入する場合なら、その投資家は借入金を起こしても入居者による家賃から返済し続けることが可能かどうかを検討します。つまり、金利上昇局面であっても、その上昇幅を織り込んでも利益が見込めると判断すれば購入してくれます。

ところがファミリータイプの場合、次の入居者となる購入者は自分のサラリーなどから返済可能かどうかを判断します。投資家ではないので、家賃収入から返済できるか、利益が出るかといった判断はしません。しかも、一般的にはワンルームマンションよりファミリータイプのほうが価格は高いため、借入金が多くなります。

そこで金利が上がってきているとしたら……「この返済はむずかしい」と購入をあきらめるか、時期をずらすか、もう少し返済負担の少ない物件を選ぶほうが賢明だと考えるはず。すなわち買い手がつきにくく、言い換えると売却しにくい状態になってしまうのです。

売却しにくければ、売却時の「投資ロス」も発生しやすい

一般論ですが、ファミリータイプの物件を投資家が売却する場合、売却する側には資金繰りに余裕がない場合が多いものです。どうしても、かつできるだけ早くお金が入り用なので売却に踏み切るというケースがほとんどです。

すると、早期に売却するには、値を大きく下げてでも別の投資家に売却するか、入居者に数カ月分の家賃を退去費用として支払い、すぐに退去してもらったあと売却するかの選択を迫られることになりがちです。

ファミリータイプを投資対象にするということは、投資利回りだけでなく、このような売却時の投資ロスを見込まなければならないということなのです。絶対的に不利な選択を避けられないのです。

投資効率も見劣りする

また、投資効率の観点からもファミリータイプはワンルームマンションより見劣りするケースが多く見られます。つまり、家賃が高くても物件購入価格が高いため、もともと利回りが悪いのです。

しかもファミリータイプなら入居対象者は家族でしょうから、賃貸契約にあたっては家族からもいろいろな意見が出ます。そのため、いったん空室が出ると、次の入居者がすんなり決まらず、前の入居者に退去してもらったあとの空室期間も長くなります。

さらに、退去時の内装改修期間も部屋数が多い分だけ長く、改修金額もかさみ、収益を圧迫します。結果として、自分の返済シミュレーションに齟齬が生じてしまうこともあり得ます。

ファミリータイプを中心に投資・運用する不動産投資家もいて、そうした人はまた別の意見・メリットを語るかもしれません。しかし、投資効率だけを考えれば、ワンルーム一択と言えるでしょう。

6 ポイント⑤地方の物件

一市民には人口推移の予測は無理

日本の全人口は減り続けています。東京の人口についても、「いつか減る」と言われ続けています。

ただし、現時点では東京の人口はまだ毎年のように増え続けています。厳密には、純粋な日本人だけの人口を見てみると、すでに東京でも減少しているようですが、そのわずかな減少を、外国人の移住者が補うかたちになっているのです。

何が言いたいかというと、将来、どのように人口が推移するかの予測は簡単にはできないということです。そのため、多くの〝一市民不動産投資家〟としては、確証の持てない人口推移を前提に投資対象を見極めるのではなく、まず「今、どう判断するのが正しいのか」という目線で投資対象を見て、今後の動向を見ていくほかありません。

この点では、金利動向も似たところがあります。５年後、10年後に金利が何％になっているか予測することはできません。予測したとしても、そのとおりになるとは限りません。

わかっているのは、今は金利が上昇しはじめており、それが今後しばらくは続きそうだ、ということくらいです。

購入場所は東京都心部一択

そして、人口がピークアウトする時期を正確に計測はできないという前提に立てば、少なくとも日本国内でのマンションについて購入場所を選ぶとすれば、東京都の都心部（一部、神奈川県を含む）の一択であると断言できます。

なぜなら東京都心部の単身者の割合は、現在も増え続け、今後も増え続ける見込みだからです。「自分自身がどこに住みたいか」はともかくとして、投資対象としては東京都心部のワンルームマンションが間違いなく最適なのです。

不動産投資で銀行から借入を起こす際も、地方では金額が少なくてもハードルが高いのに比べ、東京都心部で不動産投資を行う際のハードルは高くはないでしょう。東京都心部の物件に投資する人のほうが、返済のメドが立ちやすいからです。銀行側からすれば、結局、返済能力のある人や会社にお金を貸したがります。

人口の減っていく地域での不動産投資は、まさに命取りです。

会社が運転資金を借りるのではないのですから、金利分を返済していけば大丈夫というわけにもいきません。

土地勘は安心材料にはまったくならない

なお、私に相談される地方の人には「東京は土地勘がないので、地元で不動産投資をしたい」と言われる方もたくさんいます。

しかし、私はそれをまったく勧めません。大阪や名古屋をはじめ各地方の主要都市、各県の県庁所在地であっても、投資対象としてはお勧めしません。

「今からまず、東京都心部の土地勘を十分に養ってください。土地勘を養うことができたら東京都心部を投資対象として、具体的に立地条件などを見極めてください」

そうアドバイスしています。

金利動向にかかわらず、これが実績の上がる不動産投資の最短コースであると、私は確信しています。

7 ポイント⑥サブリースつきのマンション

一見ありがたいサブリース契約の3つの問題点

マンションの購入リスクとして、空室リスクをいちばんに考える人がたくさんいます。そのため管理会社では、空室リスクを見かけ上排除するために、サブリースをセットにして販売するケースが見受けられます。

サブリースとは、家賃の10％程度を管理会社に支払うことで、空室時でも常に90％程度の家賃を受け取り続けることができる契約です。一見、投資家にとってありがたい契約に思えますが、現実には問題点が多すぎます。

その問題点は、次の3項目に大別できます。

〈問題点①〉正しい家賃収入を受け取れない

東京の好立地であれば、退去があっても次の入居者は通常1カ月程度ですぐ見つけられます。つまり毎月10％の家賃を減額して受け取らなければならないサブリース契約は、毎年1カ月近い家賃を受け取れずにいるのと同じことになります。

平均の入居年数が2～3年として、2～3年に1回発生する1カ月の入居者不在による家賃収入の補塡のために、2カ月分以上の家賃収入が受け取れない計算です。投資効率を考えれば大きなマイナスになることは明らかです。

〈問題点②〉無駄に家賃を減額しなければならなくなる

おそらく多くの人は、契約時にサブリース契約事項をきちんと読まずに契約するケースがほとんどでしょう。そのためサブリース契約に「金額見直し事項」があることを知らない人がほとんどです。これは、退去時に次の入居者が見つからない場合、サブリース会社に損が出ないように家賃減額を要求するという内容です。

実際に、退去者が出て次の入居者付けが長引きそうな場合には、この条項を盾にサブリース会社から家賃減額を要求されることはほぼ間違いありません。

しかし、東京都心部のワンルームマンションの場合、そもそも家賃を減額すれば、サブリースなどなくとも入居者の確保は簡単にできるのです。このことを考えると、サブリースはまったく意味のない契約と言えます。

〈問題点③〉売却がむずかしく、金利負担を引きずることになる

サブリースつきの物件は、売却が困難です。売却しようとすると、大幅に安い金額で購入先に引き取ってもらうか、サブリースを外してから売却するしかありません。その際、サブリースの解除のためには「6カ月から10カ月程度の家賃を支払わないといけない」と契約書に明示されていたら、従わざるを得ません。中には「サブリース契約の解除はできない」と書かれている契約書もあると聞いたことがあります。

売却はお金が入り用だから行うことが多いでしょうが、サブリースつきだとなかなかお金を用意できない事態に追い込まれるのです。

サブリースは〝悪魔の契約〟

このようにサブリース契約は、不動産会社が不動産の購入者から永遠にお金をしぼり

サブリースの3つの問題点

問題点①　正しい家賃収入を受け取れず、投資効率が悪くなる

問題点②　無駄に家賃を減額しなければならなくなり、投資計画・返済シミュレーションが狂う

問題点③　売却がむずかしく、金利負担を引きずることになり、金利上昇下では大きな足かせに！

〝悪魔の契約〟と言えるかも？

取るための〝悪魔の契約〟とさえ言うことができます。

それだけで済まず、サブリース金額の支払い開始日が契約後2カ月目からであったり、敷金・礼金・更新料はすべて管理会社の取り分となっていたりする契約もあります。それは契約したときから返済シミュレーションを狂わせるものです。

実際に知識がない初心者を手玉にとって、サブリース会社の〝やりたい放題〟の契約となっている場合も見かけます。不動産投資家としては、それで儲けが出るわけがないのです。

8 ポイント⑦ 相場価格を度外視した高額マンション

相場の2倍で買わされても、泣き寝入りするしかない

比較的大きな規模の不動産会社であれば、ある程度のコンプライアンスが整備されているため、法外な値段で買わされる心配はまずありません。ところが、小規模の会社や個人経営の販売営業だと、相場価格の2倍近い金額で物件を買わされる羽目になることがあります。

よくわかっていない初心者の不動産投資家だと、1000万円の中古マンションを2000万円と言われても、知人の紹介となればサインしてしまいがちです。それが法律に違反した行為とは言いがたいとなると、契約してしまった以上、泣き寝入りするほか

ありません。

返済計画が見かけ上、成り立っていても注意が必要

当然ながら、そんな高額で購入すれば、投資として成立するはずがありません。もし見かけ上、成り立っているとしても、どこかにごまかしがあるはずで、将来必ず問題が発生します。

将来発生し得る問題の1つに、借金して購入した場合の返済計画に齟齬が生じることがあります。余裕資金のない状態で最初の投資物件について家賃のほぼ全額を返済に回していたら、空室期間が生じるといっぺんに返済できなくなります。

後述するように、資金の余裕がある場合に限って家賃のほぼ全額を返済に充て、早期にその物件を純資産化、かつ担保として活かせるようにすることが大切です。ところが、それがまったくできない状態になるのです。

この状態で金利が上昇すれば、その金利はまさに泣き顔を刺す蜂のようなもの。目もあてられません。返済が苦しくなって不動産投資に失敗した経験をYouTubeなどで教訓のため紹介する人もいますが、私からすれば「わかりきった理由で失敗して、まさに

恥の上塗りだな」と思わざるを得ません。

いくら不動産投資の初心者であっても、不動産は大きな買い物ですから、インターネットで直近の同じようなマンションの取引価格、近隣の同じようなスペックの価格などは調査しておくべきです。

なお、しっかり調べることに慣れれば、同じマンション内の別の部屋であっても、階数、角部屋、部屋の広さ、内装の変更などの条件で10～15％程度の差は出ることがよくわかってきます。それも物件の相場感です。

何をどのように許容して判断するか、自分の相場感を磨いていきましょう。

9

ポイント⑧ フラット35を用いた投資用中古物件

フラット35を用いた投資用物件の販売は法律違反

家賃に対して物件価格が高いような条件の悪いマンションは、毎月のキャッシュフローが大きくマイナスになってしまいます。そんな物件でも見せかけのキャッシュフローをよくして販売しようとするため、悪徳業者はフラット35を用いたローンを提案することがあります。

なぜならフラット35は投資用のローンより大幅に金利が低く、ローンの支払総額が下がるからです。それなら、物件価格を上げてもキャッシュフローがそれなりの額に収まります。

しかし、これは違法行為です。なぜなら、フラット35には居住条件がついており、投資物件に対しては適用できないからです。

不動産投資家自身が糾弾されることにも

その制限をくぐり抜けるため、フラット35を適用しようとすれば、購入したマンションに住民票を移す必要があります。そして、ローンを組み終わったら、また元の居住地に住民票を戻すのです。つまり手続きが相当煩雑になります。

しかも、そうやって見かけ上はうまくやりすごせた感があっても、フラット35を取り扱った銀行からの郵便物は自分のもとには届きません。必ずと言っていいほど、自分が実際には住んでいないことが発覚します。

銀行の審査が通るように偽の表札を掲げたり、源泉徴収票を偽造したり、勤続年数を長く見せるため健康保険証まで偽造する悪徳業者もあるようです。相場価格よりかなり高く、大きな利ザヤをとるため、そこまで悪に手を染める業者もいるのです。

こうした悪業に投資家自身が〝加担〟したことが発覚すれば、銀行はローンの一括返済を求めてくるでしょう。その返済資金が手当てできなければ、自己破産という最悪な事態にもなりかねません。

さらには、知らずに行ったとしても、不動産販売会社と結託して銀行をだましたと訴えられる可能性もあります。「少しでも金利を抑えてローンを組みたかった」なんて、言い訳にもなりません。

投資対象の物件に居住条件付きのフラット35は適用できない。この最低限の知識は持っておかなければなりません。目の前で源泉徴収票や健康保険証の改ざんを見ていて、「知らなかった」という理由が通るはずがありません。

第2章

数ある投資の中で、なぜ「ワンルーム投資」なのか

1 投資商品はあふれかえっているけれど……

詐欺まがいの案件も多い

今、日本中に投資案件はあふれかえっています。出会い系サイトなどから恋愛感情を手玉にとって行われる詐欺的な連鎖取引販売（ねずみ講）や、いわゆる投資詐欺は論外としても、ネットでもリアルでも投資教室的なセミナーに参加したら高額な自動売買ツールを買わされることもあるようです。しかも、そのほとんどすべてが利益を出すことができないのが現状です。

少し考えれば、わかることでしょう。それほど確実に儲かる自動売買ツールを自分が開発できたら、私なら誰にも言わず、自分だけこっそり活用して大儲けします。「ツールを販売しないと利益が確保できないから」というところに、実は儲けにならないという答えがあるのは間違いありません。

リスクをとらないのもリスクの1つ

では、投資になど手を出さないほうが賢明なのでしょうか？

投資にはリスクがつきものですから、特に年配の方は「定期預金に預けておけばいい」となりがちです。

しかし、現在の金利は上昇気運があるものの、まだ低い状態にあるのも事実。その一方、物価はどんどん上がっています。今後のインフレ懸念を考えると、次のことはほぼ確定しています。

- 定期預金という資産が目減りしていく
- 新たな不動産を持ちにくくなる
- 借入金で不動産を持てても返済しにくくなる

リスクをとらずに何もしないと、厳しい状況に追い込まれていく。すなわち「リスクをとらないこともリスク」なのです。

リスクをとらず、まじめに愚直に暮らしてきた日本の年金受け取り世代の嘆きが、このことを証明しています。今後その声はさらに大きくなっていくでしょう。このような事態は、すでに皆さんが理解していることではないでしょうか。

いろいろな投資をやってきた私の最終結論

では、投資をするとしたら、どんな投資に取り組むべきなのでしょうか？

最近では新ＮＩＳＡが脚光を浴びています。今後の政権によって様相が変わってくる可能性もありますが、「貯蓄より投資」へのシフトも進んできました。

そうした世間の動向とはあまり関係ないのですが、私自身もＦＸ、株式、投資信託、金投資などのいろいろな投資をやってきて、今でも少額ながら継続しているものがあります。

そんな私自身の経験から導き出される投資の最終形は何か？

それはやはり、「東京の不動産で比較的ハードルの低い中古ワンルーム」を柱にするということです。それほど、東京の中古ワンルームマンションを用いた不動産投資による資産形成の安定性は、群を抜いて優れています。

この章では、「他の投資案件に対する私の考え方」を、特に東京の中古ワンルームマンションを用いた不動産投資と比較しつつ紹介していきます。

2 FX（外国為替取引）では心が安らげない

為替相場や金利の違いに影響される投資

すっかり多くの投資初心者にも浸透した感のあるＦＸ投資。ＦＸとはForeign Exchangeのことで「外国為替証拠金取引」を指します。

日本円と米ドル、ユーロ、ポンドなどの２つの通貨（通貨ペア）を選択し、一方を買って一方を売る取引で、通貨を買ったり売ったりしたときに発生する差額によって利益をねらう投資です。

当然ながら、通貨ペアの対象国との為替相場や金利の違いに影響されるというか、その影響で生じる売買の差額で、うまく利ザヤをとれるかどうかが決まってきます。

米国では２０２４年9月に金利を引き下げました。米国で金利の引き下げが続くと、投資家は金利が下がったドル建ての運用を控える傾向が強まります。その場合、ドルを売って円を買う動きになります。その動きによって差額が生じ、損を被る人もいれば得をする人も出てくるわけです。

資産の損失リスクを前にして、安らげない

また、ＦＸ投資はレバレッジをかけた投資であるため、大きく利益を確保できる可能性もあります。ただし、それは同時に、一瞬にして資産を失う可能性もあるということです。

大きな損失を逃れるため自動損切り機能もありますが、特に年配の投資家はそのような機能1つとっても〝好み〟が出てきます。私に限ったことかもしれませんが、いろいろな機能に振りまわされたり、常にパソコンに張りついたりしてグラフとにらめっこしなければならないような投資スタイルは、性に合わないようです。

数千万円レベルの〝損した・得した〟に一喜一憂でき、かつ数千万円は損する覚悟でＦＸ投資をはじめられる人はいいでしょう。しかし、私には耐えられません。

最終的に私は、心の安らぎを得るために投資しています。その場合、これから先もグラフの上がり下がりに振りまわされるような投資方法は無理で、続きません。為替や対象国の金利、物価・経済の動向を逐一押さえるのは、エンジニアだった私にもツライこと。ですから、根っからの文系の人にはきっと苦行以外の何物でもないでしょう。

老後のセカンドライフを継続して、ゆっくりとすごすという私自身のイメージとFX投資は大きく異なります。私個人の感覚では、ギャンブルに近い投資方法です。

不動産投資とFX投資は目的が違い、相容れないような気もします。現実に私のところに相談に来られる人の中で、FXで損を出して遠回りした話は聞きますが、「大儲けして、それで不動産を買いたい」という人の話は聞いたことがありません。

3

株式投資は私のような小心者には向かない

労働と考えた場合、その対価として最悪だった

忙しかったサラリーマン時代、夜中の11～12時にかけて、毎日次の日の寄り付きに向けて株の売買取引をしていた時期があります。公社債の投資をメインとするリザーブファンドの口座には、常に1000万円ほどの資金がありました。

ところが、株価が絶好調で上がり続けている場面では、「もうそろそろ下がるのではないか」と買うことができません。

そして、下がる局面では、「もっと下がり続けるのでは？」と感じて買うことができなかった記憶があります。

結局、小心者の私には、株式投資は向いていなかったようです。いろいろな投資を試みて不動産投資に落ち着いた中高年投資家の中は、同じ思い・経験をした人も多いのではないでしょうか。

結局、株式投資については、すべて清算した結果、わずかの利益が出ていました。でも、本当にわずかです。

当時すでにはじめていた不動産投資のキャッシュフローとは比べものにならず、労働の対価としてみた場合、最悪の投資先と言わざるを得ませんでした。毎朝、新聞の株式欄を確認し、毎日夜遅くパソコンとにらめっこしていた時代、「もったいない時間のすごし方をしてしまった」と悔やまれます。私にとっては、残業が多く忙しかったサラリーマン時代を、さらに忙しくしてしまった元凶とも言えます。

株で資産を築いた人は、株で損を取り戻すことしか考えられない

株式投資は全体の利益の90％を上位10％の人がかっさらっていく市場であると聞いたことがあります。「誰よりも早く情報を入手できる人やインサイダー取引に近い人たちしか大きく勝つことができない戦場でしかない」と、儲けられない側の人間からすれば

勘ぐりたくなります。

過去に1億円近い評価の株式の保有者が、「不動産を購入したい」と相談に来られたことがありました。私は、「すぐに半分くらい売って現金化したほうがいい」と提案しました。一定の現金を持っていたほうが、不動産投資のスタート台に立ちやすいと考えたからです。

ところが、その相談者がどうしようかと考えている間に、保有株が40％近く値を下げてしまったのです。最終的にその相談者は不動産投資を断念しました。

実は40％近く値を下げた時点でも、私は「損を出しても現金化し、不動産に切り替えていったほうがいい」と提案したのですが、株で資産を築いた人は株で損を取り戻すことしか考えられないようでした。

きっと、どちらが正しいかは10年くらい経たないと誰にもわかりません。不動産投資は、「同額を他の対象に投資した場合の優劣なんてわからなくてもいいが、10年なら10年、やっただけの得はしたい、という安定志向の投資家に向いている」ということでしょう。

4

いい歳をして今から新ＮＩＳＡに取り組む必要はない

50歳以上は手を出さないほうがいい

税制上の優遇のある新ＮＩＳＡが大流行中です。取り扱う各社とも顧客の争奪戦になっています。

ここで新ＮＩＳＡの内容を解説しても意味はないので省略しますが、投資の手法としてどうなのか、私の率直な考え方を述べましょう。

新ＮＩＳＡはあまりの過熱状態のため勘違いしている人も多いのですが、絶対儲かるとは限らないことを、あらためて理解しておくべきです。

特に「つみたてＮＩＳＡ」は20～30年以上も継続的に購入し続ける、すなわち積み立て続けることで、短期の浮き沈みに左右されず、利益を出していこうとするものです。

この新NISAに中高年、特に50歳以上の人が取り組みはじめたらどうなるでしょう？　70代にさしかかるまで少額の利益や損失に一喜一憂しつつ、20年後にはわずかばかりの利益しか生んでいないことに愕然とするしかありません。場合によっては決して額は大きくないかもしれませんが、損失を出していることもあり得ます。

「このために、毎月コツコツ積み立ててきたのか……」とがっかりするはずです。

特に、老後の資金確保を目的にするなら、20代、30代ならまだしも、50代からはむしろ手を出さないほうがいいとさえ感じます。

もちろん、余裕資金で、しかも少ない金額で投資していくのは決して悪いことではありません。老後の資金確保が目的ではなく、毎日の一喜一憂を〝楽しむ・たしなむ〟程度ならいいでしょう。

しかし、「そう言ってもいられない」のが投資の世界。勘違いして、枠を目いっぱい使って投資する人もいるのです。そのようなやり方は、損が出たときのことを考えると絶対避けるべきだと考えます。

5

投資信託は銀行と自分が「WIN-WINの関係」になれない

フタを開ければ、銀行に儲けがいく話ばかり

私もこれまでに数度、銀行から投資信託を勧められたことがあります。そして、その投資信託を調査したこともあります。

そのとき感じたのは、「信託手数料が高いものばかりを勧めている」ということです。これには愕然としました。

「投資信託は銀行の推奨するものだから大丈夫、安心だ」とは言いきれません。なんとか超低金利は脱しつつあるとはいえ、すでに銀行の〝飯のタネ〟は預貸の利ザヤではなくマッチング事業やM＆Aの支援事業などをはじめ、さまざまなサービスの手数料収入

に頼っているのです。

投資信託の紹介も、関連する取扱会社からの紹介手数料が入ってくるのかもしれません。私が勧められた時期は、貸出金利が低く銀行自体の利益が落ち込んでいたときでした。そのため、銀行経営の立場からすれば、投資信託から得られる収入を利益のもう1つの柱にしたかったのでしょう。

自分たちの利益しか追求していないような銀行の姿勢に、怒りさえ感じました。少なくとも、何かＷＩＮ‐ＷＩＮの関係になれる互いのメリットをアピールしてほしいものです。

「ＷＩＮ‐ＷＩＮの関係から外れたやり方は、必ず衰退する」

これが私の持論です。

ただし、最近の投資信託では長期運用によって利益が出やすいものが出ています。そういうものであれば買ってもいいとは思いますが、マイナスになる可能性もあるという認識をしっかり持っておくことが大切です。

6

金（GOLD）投資は金融資産以上に〝目利き〟が求められる

現状は高値圏なので、お勧めできない

　ここで金（ＧＯＬＤ）投資に代表される現物資産（実物資産）の投資にも、少し触れておきます。

　最近、世界各地で勃発している戦争の影響もあって、金の価格が急上昇し、買い取り店では顧客が手持ちの金製品を売りに出すことが増えています。かたや貴金属の買い取り店からの営業電話に、嫌気が差している人もいるでしょう。

　確かに、金は現物資産なので、「自分の投資ポートフォリオに加えておいたほうがいい」と語る専門家もたくさんいます。

ただし、金をはじめとした現物資産では、金融資産以上に価格に対する〝目利き〟が求められます。大損を覚悟で手を出すのは、私のような安定・安心の生活という投資の目的とはまったく逆の発想です。

２０２４年の現状を見ると、金はやはり戦争要因に乗っかって高値圏にあるように思います。ですから、今はお勧めしません。底値圏になったとしても、投資の目的が違うのですからお勧めできません。

7 唯一無二の選択は東京の中古ワンルームマンション投資

東京の中古ワンルームマンションの価格は、上がり続けている

ワンルームマンションを含め不動産投資には、「興味はあるけど、大きな額の資金が必要ではないか」といったイメージがあります。

そのため、「少額からでも可能な株式投資などで、まず資金をつくり、それから不動産に移行しよう」という考えを持っている人が多く見受けられます。

実は私自身もそれに近い考えを持って株式投資をしていました。2000年前後のことです。

ところが、東京の中古ワンルームマンションの平均価格が1990年頃のバブル期の

ピーク価格に比べ、２００３年には4分の1まで下落しました。その状況を見て、「はじめるなら今しかない！」と、不動産投資の開始を決意したのです。

その結果、２００３年頃のボトム価格から20年以上かけて、すべての物件（ワンルームマンション17戸）を平均すると2割ほど上昇しています。

もちろんこの間、多少の価格の上下はありました。それでも東京の中古ワンルームマンションという投資対象の価格は、長期に保有し続けることによって上がり続けたのです（なお、後述しますが、この価格上昇分を私はキャピタルゲイン＝資産の売却益として得ているわけではありません。私が得たのはインカムゲイン＝家賃収入などその資産を持っていることで得られる利益です）。

投資リスクが他の投資対象と比べて、格段に低い

不動産投資にとって欠くことのできないのが、資金を用意するためのローンです。これまでは歴史的な金利の低さ、超低金利のため、ローンを活用することの多いマンション投資は〝買い〟の状態でした。

では、今はどうでしょうか？

金利の上昇気運・気配はあるものの、私が不動産投資をはじめた2000年代前半に比べれば、まだまだ金利は低い状況が続いています。それだけに〝買い〟の状態が続いていると言えます。

株の買いどきや投資リスクと比較してみましょう。

日経平均株価はバブル期の4万円近くのピーク時からこの30年ほどの間で、いったんは7600円ほどに大幅にダウンしました。ちょうど私が不動産投資をはじめた2003年のことです。

そして、2009年の大底から2024年7月には4万2000円台に戻しました。その直後の2024年8月には大幅に値下がりしています。

このようにバブル崩壊後の30年ほどの間の株の値動きはすさまじく、株式投資家は毎日、「昨日は上げた・今日は下げた」と一喜一憂していたはずです。その推移の中で大儲けした人もいたでしょうが、大損した人も多かったのではないか、と考えます。

株式相場の動きは、誰にも予測できません。この30年ほどの経済学者やエコノミストの見通しのほとんどは、的外れに終わっています。もちろん、震災や気象要因・戦争・コロナなどもっともらしい理由を語っていますが、その見通しに対する言い訳に、うんざりしている人も多いでしょう。

なので、私は株式よりも不動産のほうが下振れリスクは低く、値動きに気をもまなくてよいと考えています。

不動産投資ならレバレッジをかけられる

また、投資の実務（実作業）的なことを言えば、株式は原則、手持ち資金内でしか運用できません。借金して株式投資はできないのです。

ところが不動産投資は、サラリーマンであれば、その属性を活かしてローンを組みながら投資できます。すなわちレバレッジがかけられるのです。

レバレッジと言うと、「なんだかリスクが高そう」と感じる人が多いかもしれません。しかし、不動産という現物資産を担保にしているため、銀行も資金を提供してくれる、すなわちレバレッジをかけられるのです。

FXや株式の運用資金を銀行が貸さないのは、レバレッジをかける安心材料がないから。すなわち、不動産投資と金融投資のリスクの大きさに、天と地ほどの差があるからにほかなりません。

相続を考えた場合でも、不動産投資は相続税リスクを回避できます。東京のワンルームマンションは、現金や株式と違い、評価額が実際の流通価格と比べ4分の1ほどになるからです。

評価額が低ければ、それだけ相続した人の税負担は下がります。すなわち、お得に相続できるわけです。

節税面では原価償却費やローン利息の控除もあり、不動産投資に対して日本の税制は優遇されています。資産家と言われる人たちのポートフォリオの中に不動産が必ずと言っていいほど組み込まれているのは、この税制優遇があるからです。

第3章

誰にも何にも負けないための「投資テクニック」

1

マンション購入では立地について選び抜け！

東京のワンルーム投資でもテクニックは必要

どんな投資でもテクニックは必要です。東京のワンルーム投資でも同様のこと。何もせずに儲かることはなく、小賢しいテクニックを弄して失敗することもあります。

ワンルームマンションへの投資は不動産投資の中で1棟丸ごとに投資するのとは異なり、金額も低く、テクニックも大きなお金をかける大胆なものではありません。しかし、小さな部分で影響度は少ないとわかっていても、長期間にわたる投資になるため、長い年月を経れば大きな結果となって返ってきます。

それがプラスの影響であればいいのですが、マイナスの影響となると「長い年月をかけて損を続けてきた！」と落胆も大きなものに……。「神は細部に宿る」と言いますが、投資の神様も細部にいます。細部にこだわるのが真の投資家です。

立地選びの4つのテクニック

まず立地選びのテクニックについて紹介しましょう。立地選びについては、大きく次の4つのテクニックがあります。

〈テクニック①〉集中と分散を心がける

ワンルームマンション投資での購入場所は東京近郊一択ですが、その中で集中と分散を心がけることが大事です。東京近郊一択という基本は守りながら、都内で場所を分散して買っていくのが、リスクを分散するためにもいちばんいい方法なのです。

「ここは、いい物件だから」と、1つのマンションの中で複数戸の物件を所有することはあまりお勧めしません。そのマンション全体への風評被害や組合の管理問題などが発生すると、いっぺんに価値が下がるからです。

それらの影響を丸ごと受けることのないように、2戸程度にとどめておいたほうがいいでしょう。

こういった分散投資でリスクを分散できることが、1棟丸ごとに投資する手法とは異なるワンルームマンション投資の強みでもあります。

〈テクニック②〉外側から内側へ、安い物件から高い物件へ

物件の立地は東京23区内で、まず山手線を基準にドーナツ状に円を描いて考えてみるとよいでしょう。ドーナツの外側の物件でも、山手線の主要駅から20分程度の沿線駅であれば、大きな問題はありません。

こうした辺縁部の大きな街では、価格が安いために利回りが比較的高く、投資拡大スピードを上げる〝雪だるまの芯〟（150ページ）になり得る物件が多く存在します。

ただし将来的な入居率では、人口減少が進めば苦戦する可能性もあります。そこで、外側で得た利益を利用して少しずつドーナツの内側を買い足していくことで、投資スピードと安全性の両方を手に入れます。

初期にドーナツの比較的外側に買った物件は、15年ぐらいで十分、投資資金を回収できます。そのため、入居率が悪くなってきても、家賃を下げれば収益を出し続けることが可能です。

東京のワンルーム投資では、空室リスクは家賃を下げれば問題なく回避できます。ただし、そのときが来る前にローンの支払いを終えておくのが鉄則です。

〈テクニック③〉再開発地域を意識する

東京のマンションを購入する意味は「土地を入手すること」にあります。土地がついているからこそ、再開発案件地域に含まれれば、新しいマンションがほとんど手持ち資金を持ち出すことなく手に入る可能性もあります。再開発案件地域に含まれなくても、その地域に近ければ値上がりも期待できます。

また、再開発案件地域に含まれることは資産価値の向上だけでなく、それ以上に家賃収入の維持向上に貢献します。

金利が上昇してきても、資産価値も家賃収入も以前より高くなる可能性があるのですから、アタフタとあわてる必要はありません。

実際に、東京は今、その狭いエリアのいたるところで再開発が行われています。そのため、東京の再開発エリアについては常に頭の中に意識しておくことが大切です。

購入物件の候補が複数ある場合は、再開発エリアに近いことは、立地の強み、すなわち〝ストロングポイント〟として意識して加えておくべきです。

〈立地選びのテクニック④〉SNSとの付き合い方について考える

物件が紹介されたウェブサイトをチェックすれば、近隣の家賃相場や類似物件の過去の売買実績が確認できます。利用のしかたによっては、大変便利になってきました。

私も不動産関係の物件動画などをよくチェックします。類似コンテンツがＡＩによって自動的につくれるようになって重宝している部分もありますが、「情報収集もずいぶん便利になってきたものだ」と感嘆します。

ただし、検索する際に気をつけなければならないことは、たとえば一度〝不動産投資は危ない〟といったワードで検索すると、類似のコンテンツが現れ、それを見ることで、さらに同様のコンテンツが現れるという繰り返しが起きることです。広告であれば、〝不動産投資は危ない〟に関連するコンサルタントなどの業者広告が検索上位になったりするのです。

このしくみを業界では「追いかける広告（リターゲティング）」といった言い方をして、多額の予算をかけてウェブ広告を行うようです。

問題は、そのように一方に偏った検索をしていくと、洗脳と言ってはよくありませんが偏った考えになることです。それは避けなければなりません。

立地選びのテクニック

テクニック①
集中と分散を心がける

『東京近郊一択』のなかでも、場所を分散させる

テクニック②
外側から内側へ、安い物件から高い物件へ

辺縁部の大きな街で稼いだ資金で都内一等地の物件を入手する

テクニック③
再開発地域を意識する

資産価値の上昇と家賃の上昇の両方が期待できる

テクニック④
SNSとの付き合い方について考える

リターゲティングの広告などがあることに留意する

それを防ぐ方法としては、時間を置いて検索したり、〝不動産は儲かる〟など反対のワードで検索したりするのもいいのかもしれません。

ウェブの世界は、普通の人では理解し得ないしくみによってつくり込まれているということもできます。その前提に立って、検索したり調べたりすることが賢明です。

2 リスクコントロールを意識した借入の方法

頭金は物件価格の2割程度は用意しておく

自宅でも自家用車を購入するにしても、ローンを組む際には、あたり前のように頭金を準備します。その理由は、あとからやってくる返済リスクを軽減させるためです。ところが、投資用不動産の場合、10万円程度の頭金や頭金ゼロでも購入できる場合もあります。その理由は、物件そのものが担保になるからです。

しかし、そうした買い方には注意が必要です。

「頭金ゼロでもＯＫですよ！」

こうした甘い誘惑に乗せられて新築物件でも買おうものなら、いきなり物件の価値は下がり、想定した利回りを維持できなくなります。それは奈落の底へ落ちていくのが決定したようなもの。非常に危険な行為です。

まともな中古物件であれば、頭金なしでの購入でもなんとかやりくりできますが、キャッシュフローがわずかしかなく繰上返済が進まなければ、リスクが高い状態が続きます。

ですから、株式投資にしても元手となる資金を借入して投資する人がいないように、不動産投資においても通常は2割程度の頭金が元手資金として必要です（ただし、予期せぬ事態が発生したときのバックアップとなる資金が別に準備できているなら、頭金なしの購入であっても安全に進められる場合もあります）。

つまり、「自分の想定内でのリスク管理をどうやってコントロールするか」というセンスを問われているのです。「自分にはそのセンスがない」という人は、借入に頼りすぎない〝安全圏〟での投資に振っておくべきです。

購入総額に対する借入金の割合を意識する

安全圏とは個人の属性により異なりますが、物件総額の40％程度に借入の額を抑えておく、ということです。さらに言えば、基本的な考え方は「購入物件戸数が増え、購入総額が大きくなればなるほど、借入金の割合を減らしていく」ということです。「1000万円の物件を購入して95％の借入金割合」はまだ許せたとしても、「総額1億円購入した場合の95％の借入金割合」というような借り方は、一般的には何かあったら取り返しのつかない〝危険領域〟だと言わざるを得ません。

借入金の割合については、バックアップになる資産や預金額、個人の年収額を含めた属性によっても判断基準が異なるため、最終的には自分自身でコントロールするしかありません。「親の資産を担保に借りるから問題ない」という場合もあるでしょう。ですから他人の立場からアドバイスすることは困難です。

ただし、私自身の判断でよければ、前著の『「私にはムリ！」と思い込んでいる人のための不動産投資の基本』（秀和システム刊）に、目安になる数式とその根拠を示してあります。参考にしてください。

なお本来は、不動産投資は自分自身の資金力だけで行うべきものです。親の資金力を背景に成功したとしても、それは親が素晴らしかっただけです。たった1戸だけでもコツコツと自分の資金だけで築き上げた人のほうが、何倍も素晴らしく、胸を張っていいと考えます。

ローンを借りる際の属性とは?

ローンをあてにしていても、そもそも希望額を借りられないという可能性もあります。

金融機関は当然のことながら、ローンを設定する際に返済能力を考慮して条件を設定します。なので場合によっては返済能力がないと判断され、ローンを断られる場合も出てくるのです。

金融機関の裏事情はわかりませんが、次のような項目を審査しているものと思われます。

①勤務先の規模と経営状況
②勤続年数・役職
③年齢
④年収・預貯金額
⑤健康状態
⑥担保物件の評価額

私が考える金融機関の審査項目

①勤務先の規模と経営状況

大手で安定経営のほうがよい

②勤続年数・役職

短かすぎず、役職のあるほうがいい

③年齢

20代〜40代のほうがいい

④年収・預貯金額

高収入で堅実に貯めているほうがいい

⑤健康状態

健康体であればよい

⑥担保物件の評価額

高くても担保価値としては別の判断がある

カードローンなど他のローンの返済状況、２戸目以降の物件購入ではこれまでの返済実績なども重要な要素たとえ現在の投資状況がうまくいっていたとしても、これらの項目から基準に満たないと融資が受けられなくなることもあります。それを想定しながら、ある程度の物件購入計画を決めていかなければなりません。

会社を辞める時期が決まっていれば、それより前に融資を受けておく必要がありますし、年齢が60歳になる前に借りておくことが必要かもしれません。

今年、大幅な減給が想定される場合は、昨年度の源泉徴収票が有効なうちに融資を受けておくことも必要です。また、大病を患ってしまうと融資が受けられなくなることもあります。そのため、現金購入ばかりにこだわらず、適度な融資を絡ませておくこともテクニックの1つです。

ただし基本的に重要なのは、「問題なく返済できるレベルまでしか借りない」ということです。どんな状況になっても返済できる確信があってこその融資です。返済さえ滞らなければ、金融機関も属性の変化を問題にするはずがありません。

ほかに貸してくれる金融機関がなくても、相場より高い金利で借りない

なお、担保物件を多く所有していれば、金融機関から、いい条件を引き出せる場合もあります。ただし通常は不動産販売会社が提携金融機関を持っていますので、その金融機関のほうが自分で金融機関を探すより条件がよくなる場合が多いようです。

いずれにしても、借りる際には現状の市中金利がどれくらいかの感覚は持っておかなければなりません。通常の融資金利で2％以下があたり前の時期に、ほかに貸してくれる金融機関がないからと4～5％で融資を受けるようなことは、決してやってはいけません。

今は常識的なレベルで貸してくれるところがなくても、頭金の額や自分自身の属性アップにより融資を受けられる時期が必ず来ますので、それまでエネルギーを蓄えながらじっくり待ちましょう。

3

リスクコントロールを意識した繰上返済の方法

基本的には「返済額軽減型」がお勧め

繰上返済は、元本を圧縮することで投資スピードを上げるだけでなく、安全性を高めます。購入後も繰上返済により純資産額を高めておくことは、次の投資拡大の選択肢を増やすことにもつながるのです。

繰上返済には、大きく分けて2つの方法があります。

①毎月の返済額はそのままで返済期間を短くする「返済期間短縮型」
②返済期間はそのままで毎月の返済額を減らす「返済額軽減型」

②の返済額軽減型を選ぶことで、予期せぬ支出に備えつつ、貯まったお金を次回の繰上返済の原資とできるため、基本的にはこちらがお勧めです。

ただし、金融機関によっては返済期間短縮型しかない場合もあります。また、他の保有マンションからのキャッシュフローが潤沢にあって、不測の事態に十分耐えられる確信があれば、返済期間短縮型の選択も投資スピードを上げることにつながり有効です。

繰上返済では手数料に注意

繰上返済でもう1つ確認しておかなければならないことは、手数料です。手数料なしの金融機関もありますが、借入後の期間によって返済手数料が変化していく場合があります。その場合は、借入直後の特に手数料が高い期間は、無理に繰上返済をしないほうがいいこともあります。

また、ローンを設定するときに、その物件からの家賃収入をどの物件の返済に使うか、いわゆる返済ターゲットが決まっているなら、最初から繰上返済をしない前提で、超短期間でのローン設定をしておく方法もあります。そうすれば、繰上返済手数料がかからず、効率のよい投資ができます。

常に一点集中で繰上返済を行う

複数のローン物件を持っているとき、個々のキャッシュフローがすべてよくなるように、複数の物件に分散して少しずつ返済する人を見かけます。ですが、それは間違った選択です。

返済は常に一点集中で行い、終了したら次の物件を一点集中で終わらせていく。これが純資産となる物件を増やせる正しいやり方です。

ローンのないマンションを持つことは、次の融資を受ける際に有利に働きます。一方、分散して返済回数を増やすことは、返済手数料を増やすことにもなり、よい選択とは言えません。

当然のことですが、返済順序は金利の高い物件から返していくのが正しい選択です。ただし、あとほんの少しで返済が終わりそうな物件があれば、キャッシュフローを早く多く得るために優先し、返済を終わらせる場合もあります。

4

節税の重要なポイントについて理解しておこう

不動産投資は毎年税金を払うのが正しいやり方

不動産を購入すると、購入時の事務手数料や取得税がその年の家賃収入を上回り、不動産所得が一時的にマイナスとなって、確定申告で還付金を受け取れることがあります。ただし、通常は次年度から黒字転換するので、納税者となります。

ところが、新築物件などの利益が出ない不動産投資は、ローン完済までの約35年間、ずっと赤字続きになることもあります。この場合は毎年、還付金を受け取れます。オーナーの利益を考えない不動産会社はこの部分を強調して「節税効果」を謳い、儲からない物件を正当化して、販売につなげようとします。

しかし、いくら還付金を受け取れても、それは実質的にマイナス分の一部が戻されるだけのことです。トータルとしては、自分の財布から常にお金が持ち出されることになります。

つまり、この節税方法は、いつまでもサラリーマンの給与に頼ることでしか成立しません。もともとサラリーマンのリスクを回避する目的で不動産投資を行うなら、そのリスクが現実になったとき、不動産収入のマイナスはさらなる追加リスクとなってのしかかってくるでしょう。

結局のところ、不動産投資は毎年利益を出し、税金を払うのが正しいやり方なのです。税金を払うのは不動産事業から利益が出ている証で、喜ばしいことと考えなければなりません。

節税したければ青色申告特別控除を受ける

なお、確定申告をする際には青色申告にすると青色申告特別控除が受けられます。ただし、青色申告特別控除で最大65万円の控除を受けるためには、クリアしなければならないいくつかの条件があります。

その中でいちばん高い壁は、事業規模が10室以上という条件です。控除額が大きいので8～9室保有している人であれば、少しだけ背伸びして10室まで持ち込むことも場合によっては必要です。

なお、公務員は事業規模の副業が禁止ですから、働いている間は9室までにとどめて、離職後にすぐ10室まで持ち込むことも視野に入れておいたほうがいいでしょう。就業中に10戸を超えて投資したいなら、夫婦で分けて保有することも方法の1つです。

小規模企業共済に加入することも節税になる

また、小規模企業共済への加入も節税には有効です。

掛金納付期間が20年未満で解約をした場合には解約手当金が掛金の合計額を下回るというデメリットはありますが、年間最大84万円まで控除できることは、それを上回る税制上の大きなメリットです。

事業資金が必要になったときには、貸付限度額の範囲内で低金利の貸付を受けることもできます。なお、解約時の受け取りの際は、一括受け取りなら退職所得扱い、分割受け取りであれば公的年金などの雑所得扱いとなります。

ただし、小規模企業共済は事業主に対しての制度なので、サラリーマンとして就業している間は活用できません。FIRE後の節税に利用しましょう。

サブリース会社の設立も検討しよう

節税対策としてサブリース会社、すなわち不動産投資家から物件を借り上げ、第三者に転貸する会社を設立することも、典型的な手法です。

不動産投資家としてサブリース会社を使うことは百害あって一利なしかもしれませんが、自分の投資物件を借り上げるサブリース会社を設立することは、収益を分散することになり、意義ある取り組みです。

その場合の基本的な考え方は、「個人事業収入とサブリース会社収益のバランスを保つことで、累進課税の低い部分を適用する」ということです。

「どの程度の規模になったら会社を設立したほうがいいのでしょうか」と相談されることが多いのですが、個別要因が多すぎて最終的には自分で判断するほかありません。判断すべき事項には、次のようなものがあります。

①サラリーマンとしての所得と不動産所得が累進課税のどのランクにあるか
②不動産投資による収益の中で会社に移行できる金額の大きさ
③サラリーマン所得がなくなった際の個人事業による収益と会社収益のバランス、また、勤め人なら退職までの期間の長さ（あまりに長いと、勤め先の副業規定上、問題になることも……）
④法人運営に必要な顧問税士費用と、法人住民税の均等割りである7万円の合計額を超える節税額が期待できるか
⑤今後の不動産取得のスピード（現段階で節税効果がなくても、購入スピードが早ければ今後、購入する不動産の利益が会社側に落としやすい）
⑥初年度のみだが、会社設立費用がかかること

これらの項目によりサブリース会社設立の損得を見極めています。

会社を設立すれば節税につながる場合もありますが、そうでない場合もあることを理解しておく必要があります。

会社設立すれば節税につながるかどうかの判断

①サラリーマン所得＋不動産所得が累進課税のどのランクにあるか

②不動産収益の中で会社に移行できる金額の大きさ

③サラリーマン所得がなくなった際の個人事業収益と会社収益のバランス

④法人運営に必要な顧問税士費用＋法人住民税の均等割りである７万円を超える節税額が期待できるか

⑤今後の不動産取得のスピード

⑥初年度のみだが会社設立費用がかかること

5 物件管理の〝最適解〟を見つけ出す

相場より高い家賃設定は利益にならない

物件管理をどうすべきか。これも他の項目と同様に個別事情が強く、一概には言えません。そのため、〝最適解〟はどこにあるのかを、物件の事情や投資家個人の事情などを踏まえて常に探していくことが求められます。

その上での話になりますが、家賃設定については、最近は物価上昇を反映して家賃も上昇傾向にあります。物件を所有しているオーナーの立場としては、高い家賃で入居してもらいたいのは当然のことでしょう。

ただし、家賃設定については周辺家賃相場と空室期間を考慮した上で、早めに決断すべきです。個別の内装や設備の違いがあるにせよ、周辺地域の家賃相場からかけ離れた高い家賃設定では、なかなか入居者は決まらないと考えたほうがいいでしょう。無理な家賃設定は結局、収益ロスにつながります。

以前、ある相談者が、「近郊相場より高めであった家賃を下げずに3カ月ねばった結果、相場より4000円高く決まりました！」と、胸を張って自慢していたことがありました。ですが、その自慢は家賃3カ月分の収益ロスの大きさを理解していないように思えます。

単純に家賃が7万円とすれば、3カ月ねばったことで21万円の利益を失ったことになります。相場より4000円高い家賃がとれたとしても、その3カ月分のロスの回収には、21万円÷4000＝52・5カ月（4・4年）もの期間がかかる計算です。

平均入居期間が約3年程度という相場を考えれば、「少なくとも1年分は回収できない」という結果になる可能性は高いでしょう。むしろ、高めの家賃条件で締結した今回の入居者は、平均入居期間を下回る早めの退去となる可能性が高いかもしれません。そして、退去となれば、同様の家賃問題が再燃することになるのです。

退去後の内装費用は節約できることも

　退去後の内装費用については、それぞれの入居者の入居期間の長さなどにより金額が大きく異なります。敷金償却が前提であれば、平均0・5～1カ月分程度の家賃相当額が必要です。

　ただし、内装費をかける最大の意味は、次の入居者が内見する際に、入居の意思決定の可能性を高めてもらうことにあります。その意味から、退去前の書類情報だけによる入居決定の場合は、内装費の多少のグレードダウンは考慮できるかもしれません。たとえば耐用年数に近いエアコンは、壊れていなければ交換しないでおくという判断も可能です。

「3カ月しか入居してくれなかった」など超短期間での退去は、オーナーとしては避けたいことです。ところが、敷金を償却する前提での契約であれば、退室後の内装費もわずかしかかからず、すぐ次の入居が決まればむしろ利益となる場合もあります。

　なお改装費は、金利がかからないのであれば、収益を平準化するために分割で支払うことをお勧めします。投資家の基本である「もらうお金は早く、払うお金は遅く」の鉄則にあてはまるからです。

内装設備は最新である必要はない

内装の中で設備面については、最新である必要はありません。新しい入居者も中古物件を賃貸することは理解しているはずです。きれいにして次の入居者を迎えることは大事ですが、それ以上に内装設備は故障していないことが大事です。

エアコンや給湯器は10～15年ほどで耐用年数を迎えます。退去時の内装工事の際に耐用年数を超えていれば、交換しておいたほうが内見の際に次の入居者候補に与える印象がよくなります。新品に交換しておくことは、早期の入居づけにつながることは間違いありません。

ただし、省エネ性能や自動お掃除機能といったオーバースペック機能は、投資効率から考えてまったく必要ありません。通常、内見時間は10分ほどで済んでしまう場合が多く、内装設備・機器は型落ちで省エネ性能が低くても、見た目のきれいさのほうが優先されます。

また、まれに退去前に次の入居者が決まる場合もあります。その場合の交換判断は、故障しているかいないか、です。前入居者の使用頻度が耐用（内装設備・機器がどれだけ長持ちするか）に与える影響は大きいので、機器の使用限界まで有効利用していただくことがオーナーの利益につながります。

入居中に故障して、それが古い型の機器であれば、交換しなければならない場合もあります。その時点で交換すれば問題はなく、むしろその際に新品へすばやく交換する判断が好印象につながり、入居期間が長くなるケースもあります。

マンション組合総会との付き合い方も、収益に影響する

物件管理ではマンション組合総会との付き合い方も大切になってきます。

マンションは年に1回以上の総会が義務づけられており、地方に住んでいる私は参加できない場合が多いのですが、総会開催前に送られてくる議案書にはしっかり目を通すようにしています。

というのも、議案書の中身を見ると組合役員と管理会社が結託し、とんでもない勝手な議案が提出されている場合もあるからです。いい加減に扱っていると大変なことになるので、注意が必要です。

実際に入居していないオーナーに対して組合費を大幅に上げる案や、大規模改修を大きな借金で決行しようとする案が出されている場合もあります。そうした議案が通れば、売却時の取引価格が大幅にダウンする可能性があることに留意しましょう。

議案書に反対したい場合は、議長一任などは絶対してはいけません。ひどい議案については、議案に対して投票するための議決権行使書に反対票を投じた上で、「この議案が通った場合は議長を提訴する」などと議決権行使書へ記入したり、意見書をつけて提出したりしたほうがいいでしょう。

6 トラブルを生みやすい対応を事前に押さえておく

売却依頼の電話への対応法

物件を購入した不動産会社以外からのしつこい営業電話など、不動産投資ではトラブルに発展しかねないことが多々あります。そして、さまざまな対応が必要になることがあります。その主要なものへの対処法もまとめておきましょう。

まず、物件を購入すると、「物件を売却してほしい」といった電話がよくかかってきます。私の場合は17戸保有していますので、ほぼ毎日、そのような電話に対応している状況です。不動産登記簿に名前が載っているので、電話帳から個人電話番号を削除しても、情報は入手できるのでしょう。

そうした売却依頼の電話は普通の営業電話もありますが、大幅に安く買い取ろうとする会社がほとんどです。断りきれない性格の人は、最初から留守電にしておくことをお勧めします。

電話対応するのであれば、「売るつもりがないので、二度と電話しないでください」とはっきり伝えることです。普通は、それでも話を長引かせようとしますので、早めに電話を切り、話を聞かないことです。

実際にある管理会社を名乗って、「マンションに大規模な改修工事をすることになり、1戸あたり500万円必要です。今なら提携会社で高く買い取りますので、売却しませんか」と話をでっちあげ、3人ぐらいが交互に電話してきたことがあります。

対処方法としては、かかってきた人の会社・部署・名前・電話番号を必ずメモし、別ルートで会社を検索し、確認することです。そして、すべて正しかったとしても、不動産に詳しい人に相談して、1人で対応しないようにしましょう。

必ずと言っていいほど、理由をつけて売却を急がせるので、相談者がない場合は警察に相談したほうがいいかもしれません。

サブリースを外したいときの対応法

第1章でも説明したように、サブリースのついた物件は利益を圧迫します。ついたままでは売却することが困難であるため、そもそも、決して購入してはいけません。

しかし、事情を知らずに購入してしまうこともあります。その場合はサブリースを外すタイミングを探ることが必要です。

入居者がいる間は、サブリース会社は何もせず利益が手にできるので、そのまま契約を継続しようとします。ただ次の入居者を決める「入居づけ」がむずかしくなると、空室期間の家賃の支払いがサブリース会社の損失となるため、必ずと言っていいほど家賃の減額を要求してきます。

サブリース契約では、解約には6カ月から10カ月分の家賃の支払いが生ずることが明記されているはずです。そこで、1カ月だけ安い家賃で契約更新したあと、減額された家賃で算定され、安くなった解約金で解約を申し出ることをお勧めします。

なお、都市圏のマンションでは次の入居者がすぐ決まるケースがほとんどなので、サブリースのメリットはまったくと言っていいほどありません。

第4章

買い方と増やし方こそが「負けない不動産投資」の真骨頂

1

資産形成は初期段階で決まる！

購入物件の選択を間違わない

家族構成や年齢、勤め先、サラリーマンとしての収入など個人の属性にもよりますが、不動産投資は購入する物件を担保にしてお金を借りることができます。これが株などの金融投資などにはない大きな利点です。

そのため、自己資金をはじめ初期費用を低く抑えて投資をはじめることが可能です。

一方で、不動産投資家の中には可能な限り借金を増やし、〝資産を持ったような気分になる〟ことに満足感を得ている人が多いのも事実です。

確かに、不動産投資は購入物件の選択さえ間違えなければ、借入金が多くても資産はある程度形成できる可能性があります。

ただし、物件購入時の不確定要素がマイナスに作用した場合、持ち出し、すなわち〝手出し金〟が発生する可能性があります。これが大きな損を生み、資産形成のマイナスとなります。

典型的な例は、まったく入居者が決まらず、想定していた家賃収入を得られないため、自分の預貯金を取り崩してローンの返済を行わなければならないケースです。その返済に耐えられず、失敗してしまう状況も散見されます。

「不動産が自己増殖する」時期は必ずやってくる

特に20～30年先の物件価格や金利を予測するのは困難です。そのため、大きく変化しない10年先くらいを目安に判断し、確実に収益物件になるようコントロールしておく必要があります。

不動産投資は決して〝楽して儲かる〟類《たぐい》のものではありません。特に不動産投資をはじめた当初においては、リスクを抑えるため、できるだけ多くの初期資金を投入したり、資産拡大のスピードを上げるための繰上返済を続けたりすることもあると想定しておきましょう。

ただし、楽して儲かるものではないと言っても、いつまでも頑張り続けなければならないわけではありません。初期段階での頑張りにより、次々と物件を購入できれば不動産という純資産がスピーディに増えていきます。

私はこれを、「不動産が自己増殖する」と言っていますが、購入物件の選択を間違わなければ、その時期は必ずやってきます。

その先には、家賃収入という毎月の利益を受け取り、ＦＩＲＥを実現することも夢ではありません。

最初の自己資金は多ければ多いほどよい

そのためにも、不動産投資による資産形成は、最初の段階で資金をいかにして多く投入できるかが重要なポイントです。第3章で紹介した手法を正しく実践していれば、損をしてしまうことはないので、初期の投資資金が多いほど早く、かつ何倍もの利益をあとから毎月受け取ることを可能にしてくれます。

サラリーマンが会社で頑張っても、その利益のほとんどは会社にしぼり取られますが、不動産投資から得られる利益はすべて自分自身のものになります。これが不動産投資の大きな魅力の1つです。

この章では、リスクを減らし早く資産形成するための実践方法について、典型的な実例を挙げながら説明していきます。

2

家賃収入以外にも収益に影響する項目をチェック

プラスに働く確定要素

収益の計算では省略されがちですが、不動産投資を続けるには、家賃収入以外にも収益に影響する項目があることを理解しておきましょう。

まず、プラスに働く確定要素としては、次のものが挙げられます。

- 更新料
- 敷金
- 礼金

なお、最近では更新料や敷金、礼金がゼロの成約もあります。その場合はプラスの影響はありませんが、入居者が変わったときにいただくようにすればプラスになります。

いずれにせよ、マイナスになる（こちらが更新料や敷金・礼金を払って住んでいただく）ことはないので、プラスに影響する項目です。

マイナスに働く確定要素

次にマイナスに働く確定要素としては、次のものが挙げられます。

- 固定資産税
- 管理費
- 管理代行手数料

いずれもオーナーが負担しなければならない費用項目ですが、それぞれの額が上がれば負担が増え、オーナーの利益にはマイナスに働きます。こうした項目に注意し、頭金の額や繰上返済で早めに純資産化し、何があってもあわてなくて済む〝安全サイド〟に逃げ込んでおくことが重要です。

プラスかマイナスか、なんとも言えない不確定要素

さらに、プラスかマイナスか、なんとも言えない不確定要素もあります。

- 不動産の資産価値（物件価格）
- 家賃
- 金利

また、値段が動けばマイナス要因となる不確定要素として、次のものも挙げられます。

- 修繕積立金や修繕費

収益を安定させるには、不確定要素の「プラス」要素を大きくしていく必要があります。資産価値の落ちにくい投資用不動産を選ぶことが第一に重要で、折に触れて状況を確認したり情報をキャッチアップしたりするほか、ローンの返済を少しでも減らしておくことが大事です。

確定要素も不確定要素も、自分では操作できない項目も多いので、「備えておく」ことが大事です。

プラスに働く確定要素と
マイナスに働く確定要素、不確定要素

〈プラスに働く確定要素〉

・更新料

・敷金

・礼金

〈マイナスに働く確定要素〉

・固定資産税

・管理費

・管理代行手数料

〈±がなんとも言えない不確定要素〉

・不動産の資産価値（物件価格）

・家賃

・金利

〈マイナスの不確定要素〉

・修繕積立金や修繕費

3 最初の一歩！　1000万円の物件を1戸購入するシミュレーション

想定①フルローンでの購入

資産形成の最初の一歩として、区切りのよい1000万円の東京ワンルームマンションの物件を例にしたシミュレーションを展開しましょう。

まず、金利1・9％、20年のフルローンで購入した場合を考えます（131ページ図参照）。

フルローンでマンションを購入しても、ローンは家賃収入から返済し、繰上返済も進むので自動的に圧縮され、10年後の残債は547万円、20年後には完済となります。完済したあとは、経費を除いても毎月約4万円を手にすることができます。

これがローンを組むことで不動産を負担なく手に入れられるしくみです。ローンがないと、まず1000万円を貯めなければなりません。またローンを活用するしくみを理解できないと、不動産投資の資産拡大の基本を押さえることはできません。

ただし、この方法には欠点もあります。「ローンの支払額が実質手取り家賃を上回り、毎月の赤字が1万円となり、不動産投資をはじめたにもかかわらず、実施的なキャッシュを20年間得ることができない」という事態も想定されることです。20年間の〝手出し金〟が240万円で、1000万円の物件が手に入るという見方もできますが、投資スピードの遅さは大きな欠点です（132ページ図参照）。

また個人の年収やサラリーマンとしての勤務年数などの属性により、フルローン購入ができない場合もあることは頭に入れておく必要があります。

想定①20年・金利1.9％・フルローンの場合

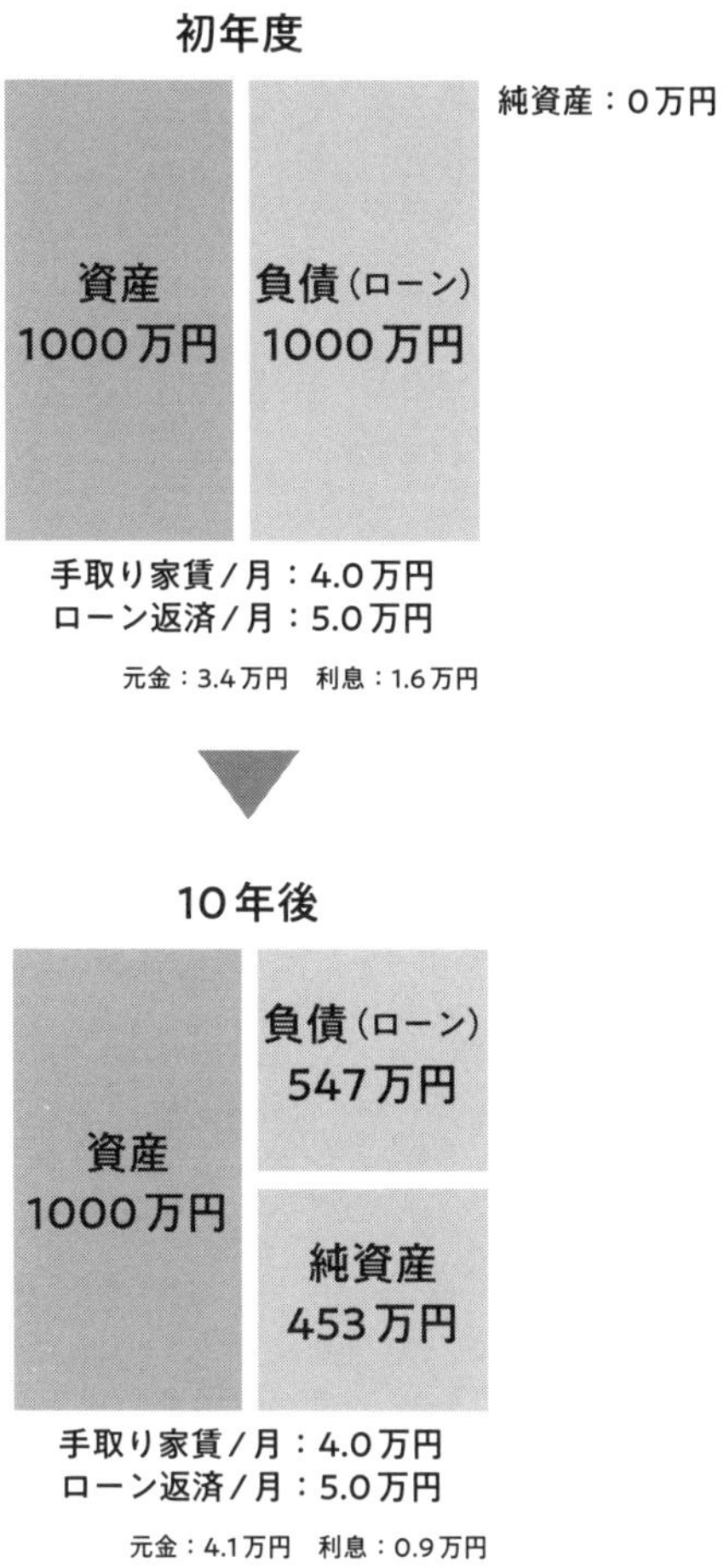

20年・金利1.9％・フルローンの場合

※前ページと同内容で、上手くいかない場合

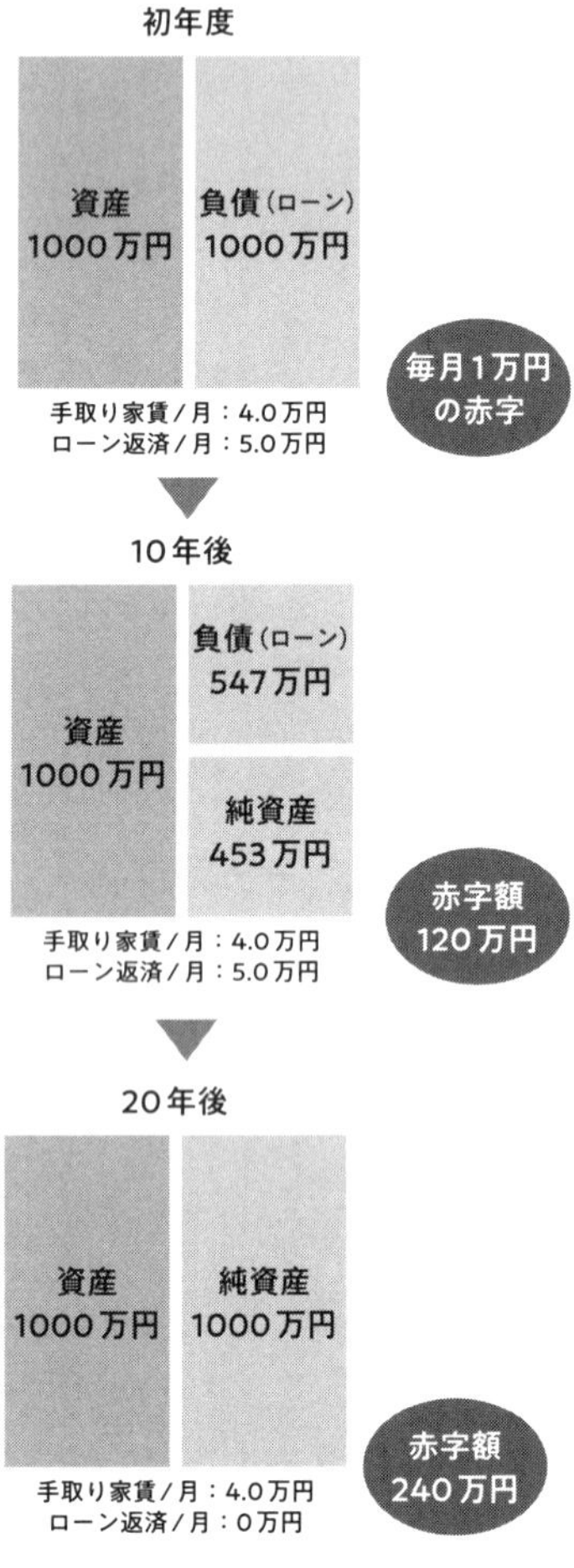

想定②頭金200万円での購入

次に、頭金200万円を用意した場合を考えてみましょう（134ページ図参照）。その他の条件は先ほどと同じく、1000万円の東京ワンルームマンションを金利1・9％、20年のローンで購入するケースで考えます。

頭金を物件価格の20％（200万円）入れて購入すれば、10年後の純資産は200万円から562万円に拡大し、毎月の手出し金なしに20年後には毎月4万円を手にすることができます。

もし物件価格が20年後にも下がらなければ、購入時200万円の頭金で1000万円の物件を手に入れたことになります。

ただし、計算上、20年間は利益を手にすることができない状態です。これは、裏で資産が形成されているとはいえ、100％手放しで喜べるものではありません。

投資期間が長くとれる20・30代であれば、最初の投資案件として有効であることは間違いありません。しかし、このやり方では40代以上の人が最終的に大きなキャッシュを毎月得ることは困難かもしれません。

想定②20年・金利1.9%・頭金200万円の場合

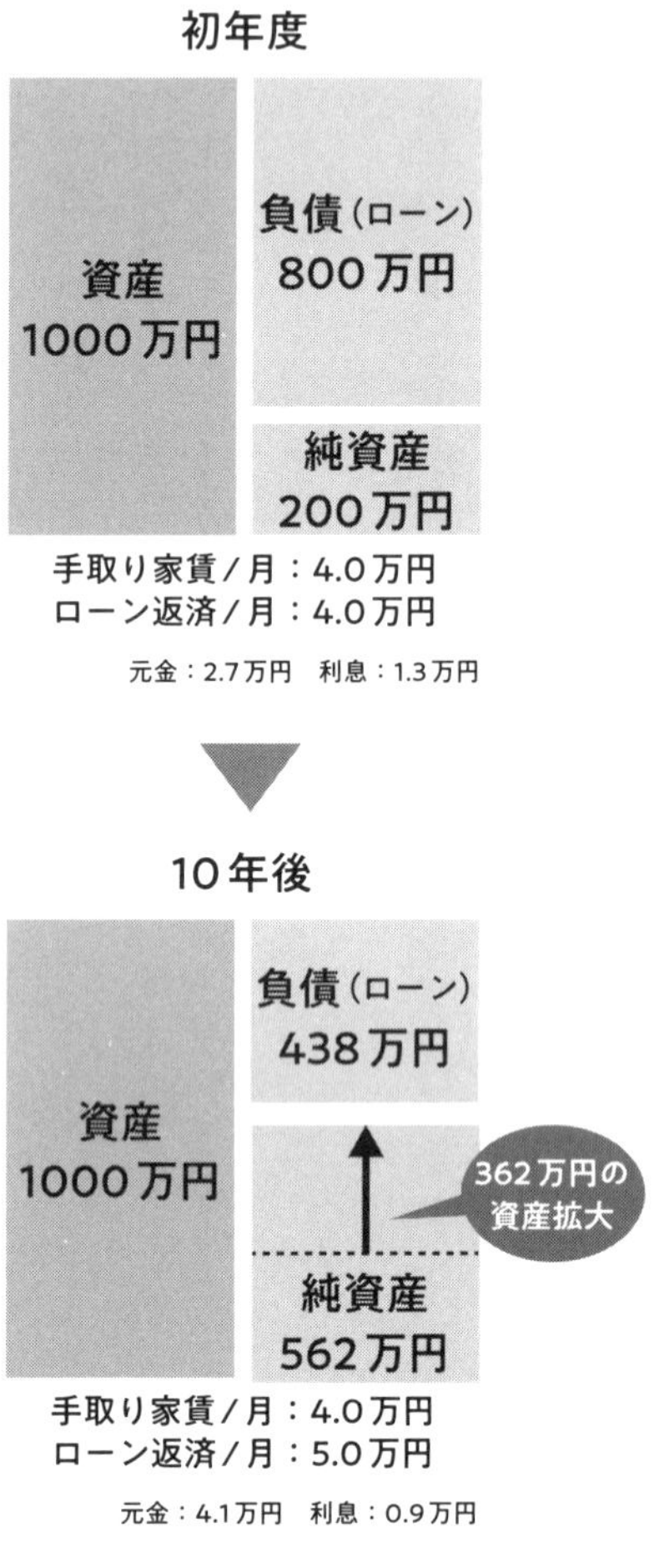

また、もし１２８ページで解説した収益に影響を与える項目がマイナスに作用した場合、毎月のキャッシュフローがマイナスになる可能性もあることには注意が必要です。

想定③頭金４００万円での購入

それでは、頭金が４００万円だったらどうでしょうか（１３６ページ図参照）。その他の条件は同じく、１０００万円の東京ワンルームマンションを金利１・９％、20年のローンで購入するケースで考えてみましょう。

頭金を物件価格の40％（４００万円）入れて購入することができれば、毎月１万円の利益を受け取りながら純資産は10年後に４００万円から６７２万円まで拡大し、残債も３２８万円にまで圧縮することができます。

このまま毎月１万円のキャッシュフローを受け取りながら20年の完済を待つこともできます。ただ、最低10年を目安に残債の一括返済をしてローンのないマンションを形成しておくことで、資産形成スピードを上げることもできます。

確かに購入時の物件価格は１０００万円（年間利益４万円×12カ月＝48万円、利回り４・８％）ですが、この例のように10年で一括繰上返済すれば、実質的に、頭金の４０

想定③20年・金利1.9%・頭金400万円の場合

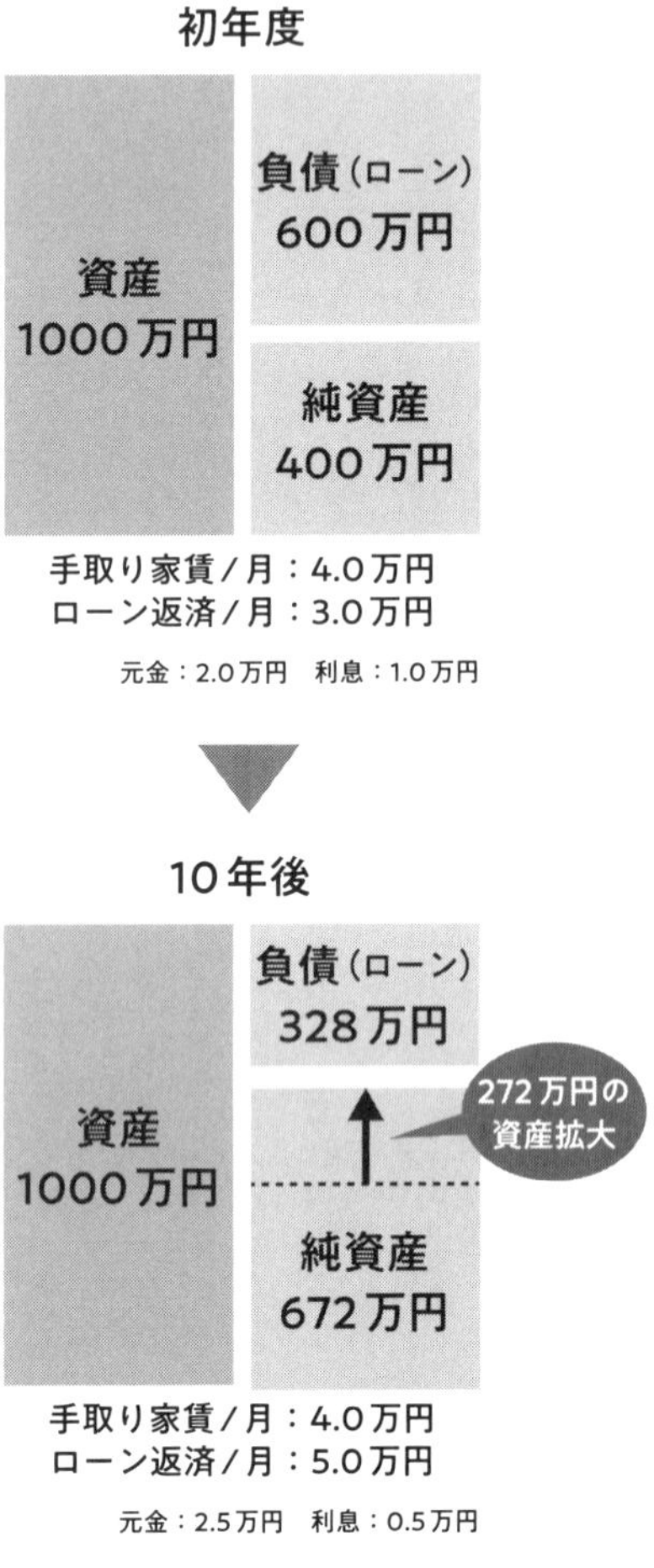

0万円＋一括繰上返済328万円＝728万円で購入していることになります。このため、利回りを計算すれば6・6％となります。

さらに毎月の利益1万円（10年で120万円）まで加味すれば、400万円＋328万円－120万円＝608万円となり、利回り7・9％の物件を購入した計算になります。それだけに繰上返済は資産形成において重要なポイントです。

想定④フルローン＋毎年繰上返済100万円での購入

今度は、頭金なしのフルローンで購入し、毎年100万円の繰上返済を行う場合を考えてみましょう（138ページ図参照）。もちろんその他の条件は同じく、1000万円の東京ワンルームマンションを金利1・9％、20年のローンで購入する想定です。

手持ち資金が少なくフルローンで購入したとしても、毎年100万円の繰上返済を行えば、7年で完済することができます。毎月のキャッシュフローも1万円のマイナスからはじまりますが、繰上返済のたびに改善し、2回目の繰上返済以降は毎月の収支は黒字転換します。

サラリーマンの場合、ボーナスなどの余裕資金があるときに繰上返済することで、資

想定④20年・金利1.9%・フルローン・繰上返済100万円/年の場合

初年度

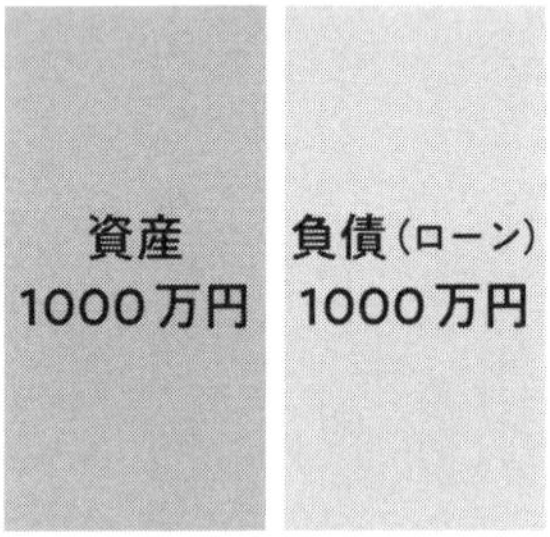

手取り家賃/月：4.0万円
ローン返済/月：5.0万円

元金：3.4万円　利息：1.6万円

約7年後

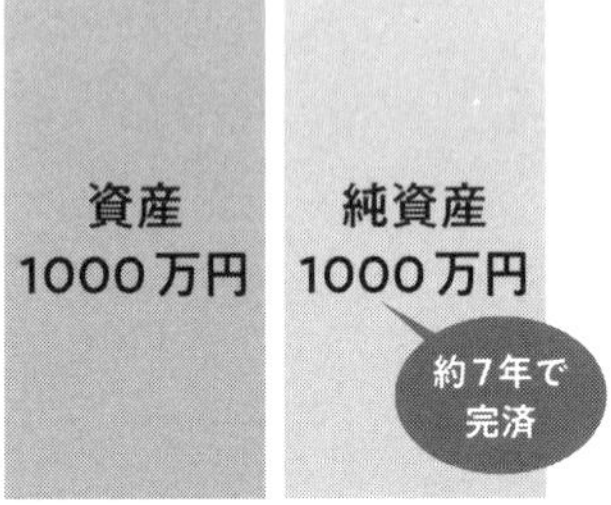

手取り家賃/月：4.0万円
ローン返済/月：0万円

産拡大スピードは飛躍的に向上します。

また、繰上返済の長所は、余裕のあるときに金額を多く返済し、余裕がなければ繰上返済をしない選択も可能であることです。この自由度を増やすために、ローンはできるだけ長期間で借り入れ、繰上返済により返済スピードを上げるのが正しいやり方と言えます。

年齢別のベストなスタートのしかたは、コレ！

このようなシミュレーションをしてみると、不動産投資は（個人の属性によりフルローンで購入もできる場合もありますが）ある程度の資金投入をせずにスピーディに資産形成することは不可能だということがおわかりいただけるでしょう。

ワンルームマンションを否定する人の多くは、想定①のようなシミュレーションにもとづき、さらに前段で述べたマイナス要因部分だけを取り出して、それを組み合わせることで、「ワンルーム投資は儲からない！」と力説します。

しかし、特に初期段階において、ある程度の元手となる資金がないのに資産を形成できないのはあたり前のことです。これが株式投資でも、資産を形成しようとすれば、元手として500～1000万円は必要となることは容易に想像できるはずです。

まとめると、不動産投資は次のようなスタートのしかたがお勧めです。

- 20代・30代……想定②
- 40代以上……想定③または想定④

ただし、手持ち資金さえ潤沢にあるならば、もちろん現金購入からスタートするのがベストです。

4 家賃収入を原資にして物件を5戸所有するシミュレーション

想定①フルローンで買い続けた場合

今度は、最低限達成してほしい１０００万円の物件の5戸所有（家賃年収２４０万円・月収20万円）までの資産拡大方法についてシミュレーションしてみましょう。

当然さらに収入の上乗せを期待する人がほとんどでしょう。ですが、このセグメントを1単位として、さらに2単位・3単位をめざすこともできますし、物件価格の高いものに挑戦すれば、期待する結果はよりはっきり見えてきます。

まずは、金利１・９％、20年のフルローンで買い続けた場合を考えてみましょう（１４２ページ図参照）。

想定① 20年・金利1.9%・フルローンの場合

家賃収入を返済原資にして次から次へと物件を増やせる

1戸目	2戸目	3戸目	4戸目	5戸目	ローン完済年数	年間家賃収入	資産総額
家賃 → ローン					20年	48万円	1,000万円
家賃	家賃 → ローン				11年2カ月	96万円	2,000万円
家賃	家賃	家賃 → ローン			7年11カ月	144万円	3,000万円
家賃	家賃	家賃	家賃 → ローン		6年3カ月	192万円	4,000万円
家賃	家賃	家賃	家賃	家賃 → ローン	5年3カ月	240万円	5,000万円
					50年7カ月	現実的ではない	

フルローンで購入し続けた場合でも、20年経過後から入ってくる家賃収入を次の物件の返済に充てることにより、徐々に資産拡大スピードは上がっていきます。

ただし、それでも5戸完済までの年数はトータルで50年7カ月。現実的な返済年数ではありません。おそらく、この方法では2件所有が限界で、この時点で挫折することになります。

それでも月8万円の収入が得られるわけで、何も挑戦しなかった人と比べれば大きな差であることは間違いありません。しかし、少々寂しいのも事実。やはり資産家と呼ばれるべく5戸所有はめざしてほしいと思います。

このシミュレーションでわかるように、最初の3戸の完済年数（20年・11年2カ月・7年11カ月）が長すぎることが目標に到達できない大きな要因です。そのため、この期間をいかにショートカットして乗り切るかが、資産拡大のカギとなることは言うまでもありません。

想定②フルローンを組み、3戸目までを毎年100万円繰上返済した場合

では、最初の3戸の完済年数をショートカットするために、3戸目までを毎年100

想定②1・2・3戸目を繰上返済した場合

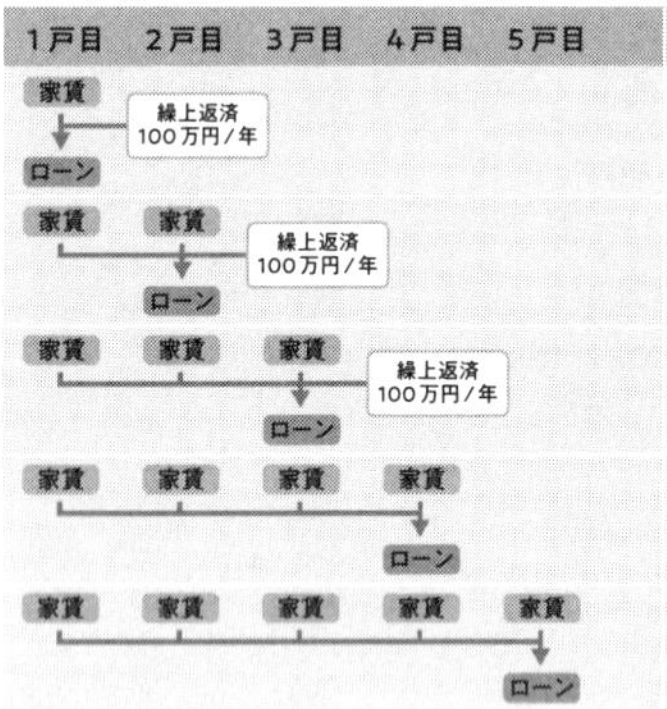

ローン完済年数	年間家賃収入	資産総額
7年	48万円	1,000万円
6年4カ月	96万円	2,000万円
5年5カ月	144万円	3,000万円
6年3カ月	192万円	4,000万円
5年3カ月	240万円	5,000万円
30年3カ月		

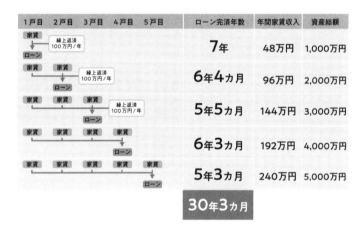

万円繰上返済した場合はどうなるでしょうか（144ページ図参照）。金利1・9％、20年のフルローンという条件は同じで考えてみます。

手持ち資金が潤沢でなくフルローンで購入したとしても、3戸まで毎年100万円の繰上返済をすることで、5戸購入までの年数はトータルで30年3カ月となります。30代の方であれば、なんとか定年退職までに到達できそうな年数です。

この方法のいいところは、4戸目・5戸目はフルローンを組んでも、家賃収入だけで自動的に返済され、目標に到達することです。さらに返済期間の短縮をめざすなら、自動的な返済に加えて繰上返済も継続するといいでしょう。

これなら自分自身の定年期日を見据えて、目標到達点を合わせる調整もできます。

想定③1戸目を現金購入、2・3戸目を毎年100万円繰上返済した場合

次に、さらなるショートカットをめざして1戸目を現金購入、2・3戸目を毎年100万円繰上返済した場合を考えてみましょう（146ページ図参照）。もちろん2戸目以降は金利1・9％、20年のフルローンという条件は同じです。

1戸目を現金購入することができれば、最初の1戸をフルローンで購入した場合の完

想定③1戸目を現金購入＋2・3戸目を繰上返済した場合

1戸目	2戸目	3戸目	4戸目	5戸目	ローン完済年数	年間家賃収入	資産総額
家賃					0年	48万円	1,000万円
家賃	家賃 ローン 繰上返済 100万円/年				6年4カ月	96万円	2,000万円
家賃	家賃	家賃 ローン 繰上返済 100万円/年			5年5カ月	144万円	3,000万円
家賃	家賃	家賃	家賃 ローン		6年3カ月	192万円	4,000万円
家賃	家賃	家賃	家賃	家賃 ローン	5年3カ月	240万円	5,000万円
					23年3カ月	半分以下の年数	

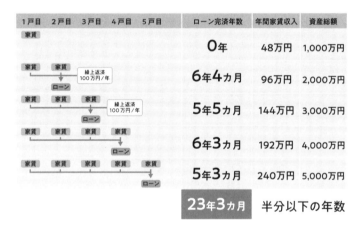

済年数20年がゼロになり、期間短縮効果は絶大です。さらに2戸目・3戸目は毎年100万円の繰上返済をすることにより、4戸目・5戸目に追加資金を投入しなくても5戸所有までの年数はトータルで23年3カ月となります。

ここまでくれば、すべての物件をフルローンで購入する想定①の場合と比べて、半分以下の期間での到達が可能です。多くの人が定年までに実現できるレベルです。

想定④2戸を現金購入し、3戸目を毎年100万円繰上返済した場合

さらに、2戸目まで現金購入し、3戸目を毎年100万円繰上返済した場合を考えてみましょう（148ページ図参照）。3戸目以降は金利1・9％、20年のフルローンという条件は同じです。

最初に2戸を現金で購入できれば、最初から不動産投資は成功したと言っても過言ではありません。2戸現金購入の期間短縮効果はすさまじく、フルローンで組んだ3戸目について年間100万円繰上返済したあとは4戸・5戸が自動的に完済され、トータル16年11カ月で目標に到達します。40代で投資を開始しても現役中に十分、目標達成が可能です。

想定④1・2戸目を現金購入＋3戸目を繰上返済した場合

1戸目	2戸目	3戸目	4戸目	5戸目	ローン完済年数	年間家賃収入	資産総額
家賃	家賃				0年	96万円	2,000万円
家賃	家賃	家賃 ローン	繰上返済 100万円／年		5年5カ月	144万円	3,000万円
家賃	家賃	家賃	家賃 ローン		6年3カ月	192万円	4,000万円
家賃	家賃	家賃	家賃	家賃 ローン	5年3カ月	240万円	5,000万円
					16年11カ月	40代ではじめても、現役中に十分達成可能	

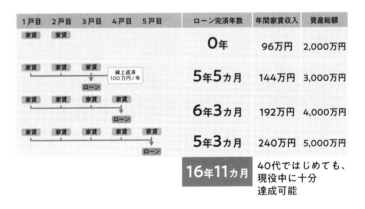

実は私自身も最初の２戸は現金購入からはじめました。それが短期間でＦＩＲＥに到達できた大きな要因となったのです。

資金投入で初期段階を短縮すれば、勝ちパターンが待っている

先に述べたように、不動産は楽して儲かる類のものではありません。特に初期段階においては、目標到達までの期間短縮のために、資金の投入がどうしても必要です。

その代わり、初期段階を乗り越えることができれば、株式投資のように価格の急な乱高下の可能性も少なく、安定してほぼ計算どおり資産が拡大していきます。最初の努力が安定的に資産拡大に結びついていくのが、不動産投資の魅力の１つです。

初期段階を資金投入により短期間で切り抜け、その家賃収入を原資にして無理なく次の物件を買える、すなわち〝マンションがマンションを自動的に買っていく〟状態にまで持ち込むことができれば、『不動産投資の勝ちパターン』ゾーンに突入したと言えるのです。それは決して大袈裟ではなく、人生の勝利者になった瞬間なのです。

5 雪だるま式に資産を増やす

不動産投資は雪だるまづくり

不動産投資で資産形成していくことは、雪だるまをつくる作業に似ています。

まず手でまわりの雪を集め固く握り「芯」をつくります。さらに、芯のまわりに肉づけをしていきます。そして、ある程度の大きさまで手で押して転がします。

そこまでは大変なのですが、ある程度の大きさになって緩い坂まで持ち込めば、それ自体が自動的に転がりはじめます。この状態にまで持ち込めば、あとは見ているだけで、何もしなくとも雪だるまは自分自身で大きくなっていくのです。

不動産投資もまったく同じです。

雪だるまづくりと不動産投資

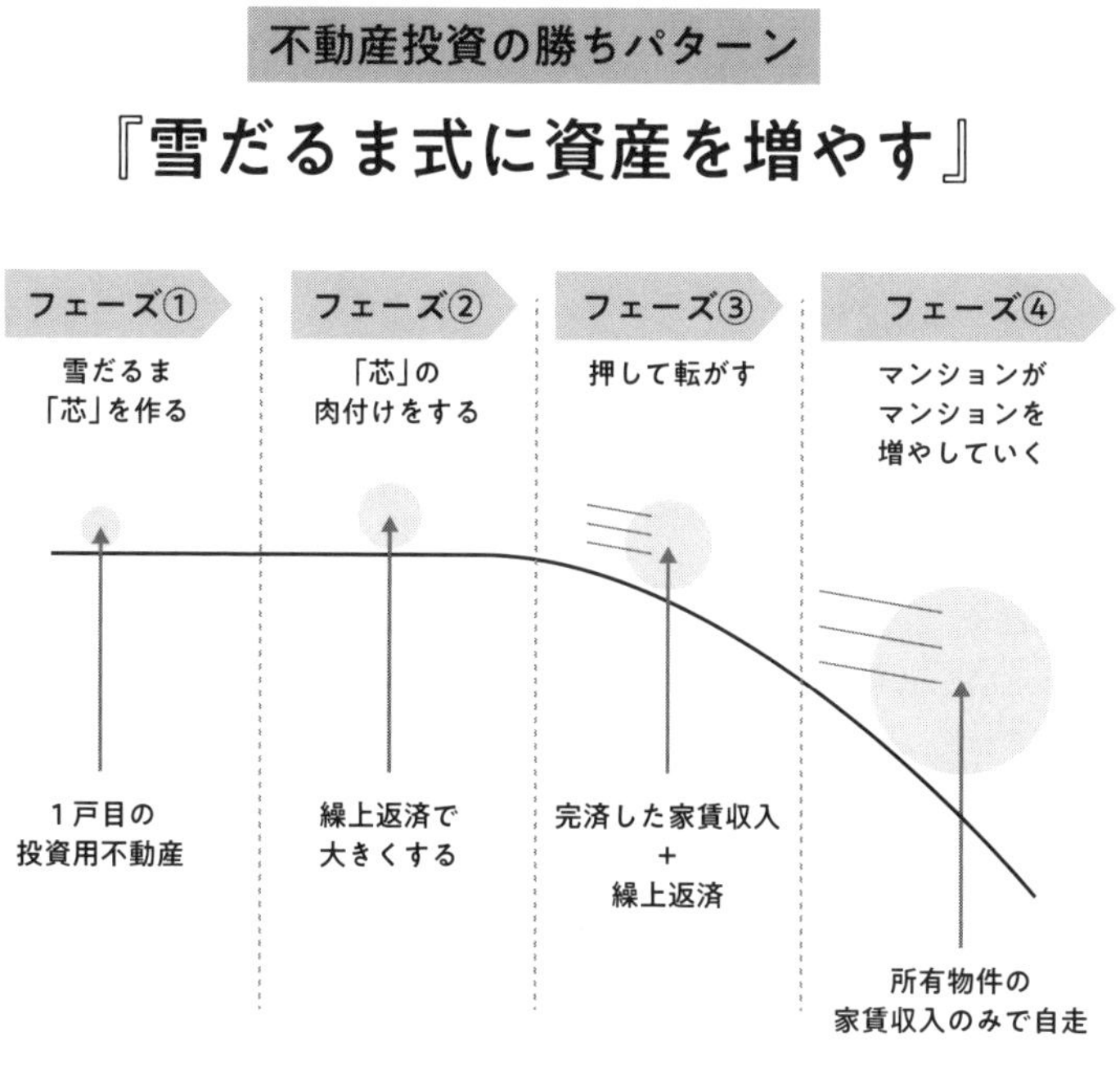

では、雪だるまづくりでもっとも大切なことは何か。

最初の雪選びです。パウダースノーを選んだら、最初から固まりません。手で握れば雪玉ができるくらいの水分を含んだ雪が必要です。もちろん、きれいに丸く整えるため、汚れをとったり、凹凸をならしてあげることも必要でしょう。

まさに、不動産投資は雪だるまづくり。簡単ではありませんが、ぜひ、そんな気分で、資産形成を楽しんでください。

第5章 何が起きてもびくともしないモチベーションの保ち方

1 モチベーションの高さが成功する投資家を形成する

壁を乗り越えるエネルギーとなるのはモチベーション

投資家は何度も壁にぶつかります。それは不動産投資家も同様です。

「いい物件があったのに先を越された」

「なぜかわからないけど入居者が埋まらない」

「ローンの返済に追われるばかりだ」

「家族の理解が得られずに、孤立してしまう」

「金利が上がって、銀行の融資姿勢が変わった」

順調に進まない理由を挙げ出したら、キリがありません。

そして、それを乗り越えるエネルギーとなるのは、投資の素質でも才能でも、運でもありません。情熱と心の持ちよう、すなわち「情熱を高く持ち続けるモチベーション」なのです。

スポーツで学んだモチベーションの大切さ

私は小さい頃から卓球に取り組んでいて、10回ほど全国大会に出場したことがあります。その後、卓球の上級指導員の免許を取得し、20年以上、中学生の卓球部の指導にたずさわりました。

指導をはじめた当初は、自分の選手時代の経験から、スパルタに近い指導をしていました。ところが、地方大会では常に優勝していたものの、愛知県内の上位校には勝てない時期が続きました。

「なぜ勝てないのだろう。誰よりも熱心に教え、練習を続けてきたはずなのに……」

母校の中学校の卓球部の恩師に相談したところ、「お前はいつも卓球選手ではトップで活躍してきたから、できない子どもたちの気持ちが理解できないんだ！」と言われました。

そこで自分を見直すために、東京の全国大会の常連校の監督の何人かに指導方法や練習内容について話を聞きにいきました。

するると、各学校とも練習内容はまったく違っていたのですが、その中で唯一共通する大事な指導がありました。それが、「選手のモチベーションを高く保つ指導」だったのです。

その直後から練習方針を、「スパルタからモチベーションへ」と切り替えました。そうすることで成績は劇的に変化し、私の指導していた中学校は愛知県の上位クラスの常連となり、名門校に勝って全国大会に出場を果たすことができたのです。

目的達成にはスキルも必要です。しかし、モチベーションの高さはそれに勝るほど重要であることは間違いありません。

モチベーションの高さはどんなスポーツでもビジネスでも、不動産投資にも共通するもの。すべての分野で「幸せへと導く共通の手段」なのです。

やらされるのではなく、自分自身の強い願望で行動することでしか、壁を乗り越えることはできません。不動産投資も、高いモチベーションを維持し続けて、情熱を持って取り組み続けることが大事なのです。

2

本当の意味での葛藤とは何か

できないのは「面倒だから」か「やらないから」だけ

葛藤とは、互いに対立する意見を同時に抱え、取捨選択できずに苦悩する心理状況のことを言います。確かにどのようなことにでも、どちらかに決めかねる事柄は存在します。

しかし私に言わせれば、ほとんどの場合、正しい選択肢は最初に決まっているのです。最初に決まっているのに決まっていないように思い込んだり、決まっていると自分からは認められないようなときに、葛藤してしまうのです。

次の選択肢から、あなたは正しいほうを選択できますか？

①目の前に課題に挑戦したほうがいいか、挑戦しないほうがいいか
②何かをやりたいとき今すぐ行動するか、忙しいからあと回しにするか
③何かを依頼されたら、とにかくやってみるか、できそうもないから断るか
④中高年になったら、もう歳だからとあきらめるか、まだできると信じてやるか
⑤課題解決にお金がかかるとき、お金がないと嘆くか、どうしたらお金ができるかを考えるか
⑥自分にはできないなどと理由をつけて何もしないか、できることからはじめるか
⑦頭を下げて人に聞くか、恥ずかしいから聞くのをやめるか
⑧困った人を見かけたとき、助けるのか、見て見ぬふりをするか

私は決断に迷ったとき、自問自答することがあります。

「本当にできないのか？　面倒くさいだけではないか？」

結局、「できない」のほとんどは「面倒くさい」か「やらない」からなのです。

不動産投資をはじめるにあたって「投資家の才能がない」と自分自身で思い込んでいる人は、「できないから、やらない」のではなく「できるのにやらない」のです。

正しい選択ができますか？

①挑戦したほうがいいか、挑戦しないほうがいいか

②今すぐ行動するか、忙しいからあと回しにするか

③依頼されたらやってみるか、できそうもないから断るか

④もう歳だからとあきらめるか、まだできると信じてやるか

⑤お金がないと嘆くか、どうしたらお金ができるかを考えるか

⑥自分にはできないと言って何もしないか、できることからとにかくはじめるか

⑦頭を下げて人に聞くか、恥ずかしいから聞くのをやめるか

⑧人が困っているとき助けるのか、見て見ぬふりをするか

3 チャンスはないのではなく、見えてないだけだ

チャンスが見えるような状態に自分を整える

「私は運が悪い」

「自分にはチャンスがめぐってこない」

「今の自分のまわりの環境がよくない」

「はじめた時期が悪かった」

実際に不動産投資が「うまくいっている」と感じる人以外は、大なり小なりこのような感情を持つものです。うまくいっていない理由を自分以外のところに求めてしまうのです。

しかし、このような〝他責の人〟に神様が手を差し伸べてくれるはずがありません。うまくいかない理由を自分以外に求めてしまう人は、まずその発想自体を切り替えなければいけません。

できないのは面倒くさいと思っているか、やっていないだけ。うまくいかないことの理由も同様に、面倒くさいと思ってしまうか、やり続けていないだけです。本質的にはうまくいかないという事実だけがあり、その理由といったものはなく、何か都合のいい理由を探しているだけなのです。

どんな人のまわりにも、いくつものチャンスが転がっているはずです。そのチャンスを見ようとする強い意志がないだけにすぎません。

「いつも、そんな前向きな気持ちになっていられるものではありませんよ」

そう思う気持ちもあるでしょう。確かに、強く前向きな意志を持ち続けるのは大変かもしれません。そんな人は、「パソコンの電源をオンにしなければパソコンを使えない」「テーブルを空けておかなければ、次のメニューはこない」などと考え、チャンスが見えるような状態に整えておくことが大事なのです。

4

登り坂は苦しいからこそ、その先に充足感がある

「資産拡大」には離陸前、テイクオフの準備が必要

不動産投資をはじめたばかりの段階では、努力を重ねて節約して頑張ったとしても、手取り家賃はなかなか拡大しないものです。資産の拡大スピードが遅く感じられ、イライラすることもあるでしょう。

不動産投資で自分が納得できる成果（キャッシュフロー）を手に入れるのは、5年、10年、20年と長い年月がかかるケースが多いからです。

この資産拡大を実感できるまでの期間は、まさに飛行機が離陸するまでの助走、テイクオフです。そこで助走をやめてしまえば、飛行機は絶対に空へと飛び立てません。し

かしいったん離陸すれば、すぐに高度を上げ安定飛行に移れます。

不動産投資も同様に、ずいぶん時間がかかって滑走路に向かい、飛び立ちますが、そのテイクオフまでは資産拡大の準備段階なのです。

山登りにたとえるなら、頂上に立つまでは低山でも疲れるものです。早く山頂につきたいと思って駆け上がれば、よけいに疲れます。ただし、山頂に立てば展望が広がるかもしれず、平坦な道が続くかもしれず、充足感に満たされつつ下山するか、いずれにせよほっと一息できるでしょう。

山頂までの疲れは自分が苦しくても頂上をめざしていることの証拠です。「終わらない登りはない。登り坂を下れば下り坂だから、どんな人にも登りと下り坂の数は同じ」と達観して歩いていきましょう。

たとえめざす山頂が周囲の山より低く、見劣りする山頂だったとしても、それが自分の選んだ山であり、自分の足で登った成果です。苦しいときに比較したり、苦しさを他人のせいにしたりせず、黙々と楽しむことを覚えるのも大事です。

5

「やれることがある幸せ」を享受する

リスクを最小化し、利益を最大化する

20年以上の間たくさんの投資家を見てきて、成功しない人と成功する人との違いが明確にわかるようになりました。

- 成功しない人……失敗を恐れて先に進もうとしない人
- 成功する人……チャンスを逃すのを恐れる人

致命的な失敗は決してやってはいけませんが、世の中の利益のほとんどは、リスクを

負って挑戦した人が獲得するようにできているのです。

資産家とは「リスクを最小化し、利益を最大化できる術《すべ》を獲得した人」のことを言うのではないでしょうか。

今できないことでも、いずれできるかもしれないと考える

では、リスクを最小化し、利益を最大化できる術とはどのようなことか。簡単な例を挙げて説明しましょう。

今ここに、あることを完遂しければならない事象が５つあるとします。成功しない人は、その中の１つが自分にはできそうにないと確信すると、すべての事象をストップさせてしまいます。

逆に成功する人は、できることからまずはじめ、４つの事象をなんとかこなしたあと、最後の壁にぶつかった時点で「どうしたらいいか」と考えはじめます。「目の前にやれることがある」というのは、自分自身が成長できる伸び代がまだ残っているということ。実は幸せなことなのです。

そして、成功する人は成功した幸せを真っ先に享受し、併せて自分を進化させていく

のです。

人間は短期間で進化します。今できないことであっても、近い未来の自分ができないとは断言できません。最後の壁の前にたどりつき、それを乗り越えようと考え、もがいていれば、必ず誰かが手を差し伸べてくれるはずです。

世の中はそうなるようにできているのです。

6

努力とは小さな一歩の積み重ね

普通の努力ではなく、普通以上の努力が必要

「努力したのにできなかった」と言う人の話をよく聞きます。「きちんと見極めて物件に投資したのに、思うように家賃収入が得られず、ずっとローンの返済に追われている」などとぼやく人たちの話です。

忘れてはいけないのは、「世の中のすべての人が、それなりに努力をしている」ということです。努力をしないで生活できている人はいません。あなただけが努力しているわけではないのです。

ただし、普通の努力でよければ、誰でもできる。これも事実です。だからこそ、普通

以上の努力が必要なのです。

少々の努力では誰も気づいてはくれません。自分自身が気づかないこともあります。自分も他人も「(あの人は)もう無理だ」と思った先のたった半歩が、人生を変えることもあるのです。

努力の比較対象は、常に自分自身

不動産投資という概念が少し理解できた頃、周囲を見渡してみると、自分をはるかに上回るすごい投資家がたくさんいて、「私はあんなふうになれるわけがない」と落胆してしまうことがあります。

しかし、上を見たらキリがありません。まず、そういうすごい投資家と自分とを比較することはやめましょう。比較の対象は常に自分自身です。

「努力によって昨日の自分を超える」という小さな目標を達成することが継続できれば、切り拓けない未来はありません。

まず小さな一歩を踏み出しましょう。そして、小さな目標の達成を継続できれば、たまには努力した自分に自信を持って、大きな一歩をやってみてもいいでしょう。

今は大きな一歩に思えることでも、努力したあとはそれほど大きな一歩に感じないかもしれません。その一歩を達成すると、気がつけば、あなたもすごい投資家の仲間入りをしているかもしれないのです。

7 ピンチをチャンスに変えるのは、いつも前向きな心

資金的余裕より大事なものがある

私は過去に3度転職したことがあり、サラリーマンという職業はリスクの塊だと思っています。この「サラリーマンはリスクの塊」という感覚は、順風満帆なサラリーマン人生を送っている方にはどれだけ説明しても理解してもらえないことかもしれません。リスクの塊は「ピンチ」という形相をしてやってきます。しかも、徐々にではなく突然やってきます。このピンチに備えて今のうちから準備しておかなければならないことは、セミナーや前著などで幾度となくお伝えしてきました。

準備とは「ピンチに資金的に備えておくこと」ばかりではなく、心の切り替え方も大

切です。

前著でも紹介しましたが、元プロ野球の選手で甲子園でも何度も優勝経験のある桑田真澄さんは、「ピンチを迎えたとき、もっとも精神力の優れた選手」と言われていました。絶体絶命のピンチの際、彼はいつもボールに向かってこう呟《つぶや》いていたそうです。

「神様！　僕にこんな素晴らしい舞台と試練を与えてくださって、ありがとうございます。これを乗り切れば、私はもっと素晴らしい選手になることができます」

この話を聞いたとき、心の持ちようでピンチはいつでもチャンスに変えることができると学ぶことができました。

ピンチをチャンスに変えるには資金的な余裕が何より大事だと考えると、資金的な余裕がなくなったときに、ピンチになった理由を他人のせいにしてしまいがちなのです。

以来、ピンチが訪れた際、私はいつも桑田真澄さんと同じように心の中で呟《つぶや》くようにしています。

8

失敗したとき号泣できるほどの努力をする

悔しさの大きさは、次の成功のエネルギーに

2024年夏のパリ・オリンピックで「金メダル間違いなし」と期待されていた柔道の阿部詩選手がメダルを獲得することができず、惨敗しました。その試合後の会場での号泣をSNSなどで批判する人がたくさんいました。

しかし、私の見方は違います。パリ・オリンピックに人生のすべてをかけて練習を重ねてきた彼女の「計り知れない努力の大きさ」を感じとることができたからです。

私自身の不動産投資生活を振り返ってみると、目標が達成できなかったとき、「人目をはばかることなく、あそこまで号泣できるような努力をしたことが、これまでの自分

はあっただろうか……」と感じたのです。阿部詩選手が試合後に、「負けちゃった」と簡単に流してしまう選手であったら、私は失望していたに違いありません。

スポーツと不動産投資はまったく異なるものですが、同様に努力して知識・スキルを身につけ、感覚を磨き、チャンスには間髪入れずに対応しなければなりません。スポーツや不動産投資だけでなく、およそ世の中すべてのことが同様です。

不動産投資でも、うまくいかない手法を選んで努力すれば、その努力とかけた資金が無駄に終わることは目に見えています。成功する手法を選んで努力することが大事ですが、それでも長期間の投資ですからうまくいかないことはあり得ます。だからこそ、失敗したとき号泣できるほどの努力をしていくことが大切なのです。

悔しさの大きさは、次の成功へのエネルギーになると確信しています。号泣する姿を見たとき、「あのときの悔しさがあったから、今の自分がある」と語る未来の阿部詩選手の姿が私には見えました。

9 否定・不満・愚痴からは何も生まれない

否定と愚痴と不満しか言わない人とは付き合わない

私の前職はエンジニアで、簡単に言えば今までできなかったことをできるようにすることを生業《なりわい》としてきました。

しかし会社組織には、私の出した開発案件に対し「これはできない方法だ」などと否定ばかりする上司が何人もいました。解析した上での否定はありがたい面もありましたが、同時に別案を出せないのであれば、物事は先に進みません。

結局いくつもの困難な壁を乗り越えて製品となり、会社に莫大な利益をもたらした案件もいくつかありました。そうであっても、部下である私を否定ばかりしていた上司は、実は自分が否定されていることに気づいていませんでした。

結局、会社組織は不満と愚痴が渦巻く世界であり、そこに身を置き続けることもリスクの1つと考え、私は最終的に自分自身ですべてを決定できる投資家の道を歩むことにしたのです。きっと、かつてはサラリーマン、現在は不動産投資家として十分な暮らしができている人には、私と同様の思いをした人も多いでしょう。

結論としては、自分のモチベーションを高く保つためにも、否定と愚痴と不満しか言わない人とは付き合わないことです。そこに幸せはありません。会社組織ではその選択が困難な場面もたくさんありますが、投資家であればそれが可能です。

他の不動産投資家を否定だけしても、何も生まれない

最近ではワンルームマンション投資を否定するYouTuberや自称コンサルタントなどが増えています。しかし、他を否定だけしていても、何も生まれません。

「では、どうしたら不動産投資で儲けることができるか」

その具体例を出さないのであれば、実際には投資は先に進められないのです。

世の中には不動産投資で利益を出している人がたくさんいるのは、純然たる事実で

す。私のまわりでは、東京の中古ワンルームマンション投資で利益を出している人しかいません。

プラス面を隠してマイナス面を誇張することで否定するだけであれば、誰でも簡単にできます。YouTuber のワンルームマンション否定論をスポーツにたとえれば、攻撃のターンだけ与えられて、守備のターンはしないという〝絶対負けるはずのない出来レース〟と同じです。

どのような場合も、否定しかしない人のまわりに幸せはありません。否定ばかりするYouTuber が「失敗した投資家の損失を縮小化できても、儲かる投資家に導けない」のはそのためだと思います。

「はじめる才能」は必ず実る

本章では、いくつかの「高いモチベーションを保つコツ」をまとめました。

一般的な仕事上のモチベーション維持の方法と、大きな相違点はありません。ただし、不動産投資家が一般的な仕事と大きく異なるのは、何事も自分で決めなければならないということです。

どの物件にするか、資金はどう用意するか、否定的な意見を言う人にどう対応するか、どこ・何をゴールに資産形成していくか。これらすべての意思決定場面では、立ちどまって考えることもあるでしょう。

しかし、立ちどまって足踏みしていても靴底は減ります。

才能とは何か。私は、「最初の一歩を踏み出すエネルギー」だと考えています。ぐずぐず言ってずっと足踏みばかりして、はじめようとしない人に才能はありません。

一方、はじめてしまえば、才能があることは証明されたので、半分成功したのと同じです。特に、東京のワンルームマンション複数戸を購入するような大きなお金のかかる手前までは、早くたどりつくことが重要です。

成功したければ、早くはじめる習慣をつけることです。

第6章

勝ちも負けもない充実したセカンドライフを実現しよう

1

サラリーマンという生き方に今すぐ疑問を持つべきだ

自分勝手な思い込みが道をゆがめた

多くの人が学校を出て会社に就職し、組織で上をめざしながら約40年サラリーマンを生業とします。最近は数度の転職を経ることもあたり前になってきました。そして最後は勤め上げた会社に退職金制度があれば退職金を受け取り、65歳以降は年金生活者となります。

「きっと、こうした生涯を歩むんだろうなぁ」と、自分の将来をなんとなく描いているのではないでしょうか。私自身もそんな一生を歩く、いわば〝あたり障りのない〟一生を考えていました。

今30代くらいまでの若い人は、私とは別の考え方、サラリーマン生活のイメージがあるかもしれません。ですが、現在60代の私にとって20代から40代のサラリーマン生活は、いわば敷かれたレールの上を歩くようなイメージでした。

しかし現実は、そうしたサラリーマン生活のイメージとは大きくかけ離れた、レールを外れた紆余曲折のある人生となりました。3回の転職を繰り返したあと、最終的には不動産管理会社を設立し、不動産投資家として生活の糧を得ながら今に至っています。

どうして最初の思いとは違った人生になったのか。その理由を考えると、サラリーマンや人生に対して、いくつかの「思い込み」があったからです。

みずからの失敗から学ぶには、人生は短すぎます。私はその思い込みのためにずいぶん遠回りをしてしまったわけです。過去に戻ることが可能であれば、サラリーマンとして就職すると同時に、並行して不動産投資家への道をめざしていたでしょう。

そんな思い込み、すなわち〝遠回りの要因〟のいくつかを考えてみます。賢者である皆さんは、先行愚者の歴史から学び、最短距離で充実したセカンドライフに到達していただきたいと思います。

思い込み①会社は永遠に存続する

私が大学卒業後、就職した自動車関連会社は、当時の日本を支える原動力となるような花形産業でした。しかし10年が経過した頃、経営陣の判断ミスにより大きな損失を出し、倒産か吸収合併かという事態になりました。

50歳以上の希望退職者の募集がはじまり、社内に暗雲が立ち込める中、私は運よくヘッドハンティングで同業他社に移ることができ、事なきを得たのでした。

就職してから定年を迎えるまで、40年以上も会社が存続し続けるというのは妄想でしかありません。一流企業であったゼネラルモーターズも日本航空も、のちに復活しましたが、一時的には倒産したのです。

企業の平均寿命は34年と言われています。つまり、新卒で就職した会社に定年まで在籍する人の場合、1度は倒産の危機に直面することになるのです。勤めている会社が倒産すれば、退職金が出ないことも十分あり得ます。

思い込み②稼いだ給与で充実した社会人生活を送る

私は自動車関連会社に就職した当初、趣味として取り組んでいた卓球もほとんどできないくらい連日連夜、残業続きの毎日でした。それが理解できない家族には、毎日夜遊びしていると思われていたくらいです。

当時、小型バイクが現在の5倍以上は売れていたこともあって、その製品開発のために夜中まで働き、次の日の朝、また早く出勤するという毎日でした。今では死語でしょうが、まさに〝社畜〟となってボロ雑巾のように働かされたのです。

たまの休日も朝から晩まで寝るだけで、ほかに何もできません。使いみちを失った残業代は、のちの投資資金となりました。当時は若かったからそういう生活をできたものの、今から考えれば過労死となってもおかしくない状況であったと思います。

もちろんサービス残業は労働基準法に違反する行為です。しかし、強要されなくても、急な同僚の休みのために、みずから無給で残業をしてしまう〝ステルス残業〟は水面下で行われていました。実際にはそうならないような環境をつくる義務が会社側にはありますが、現実はむずかしく、また働き者の日本人気質としても働かざるを得ない状況でした。

日本全国の企業を見渡してみれば、この状況は、今も少なからず残っているように思います。

結局、日本においては、自分の意思で働く場合、自分で会社を設立し、すべてを自分自身で決める方法しか残されてないのかもしれません。会社が悪い、政治が悪いと叫んでも、おそらく何も変わりません。「誰かがよくない！」などと声高に叫ぶエネルギーは、自分のFIREに向けるべき。FIREという言葉が一般に認知されはじめた最近になって、その思いをあらためて強く持ちました。

思い込み③給与は間違いなく支給される

若い頃は、給与は少ないながらも毎年昇給するもので、まさか減額支給される日が来るとは思ってもみませんでした。ところが、リーマンショックや東日本大震災直後には、最大25％もの給与カットが、現実に私の勤めていた会社で行われました。

その頃の私は、不動産所得が月に40万円ほどあったため、他の社員と比べれば不安は少ないほうでした。しかし、給与カットの上に残業代ゼロが重なり、「住宅ローンが支払えない」と嘆いている若い社員もたくさんいました。その社員から「どうしたらよいか」と相談され、まともに返答すらできませんでした。

混沌とした世界情勢の中では、今後も何らかの大きな事態が発生すると考えておいたほうがよいでしょう。過去にはリーマンショックや東日本大震災以外にも、オイルショック、バブル崩壊、阪神淡路大震災、コロナ禍と、さまざまな事態が発生しています。今後、何も起こらないと考えるほうがおかしいとさえ言えそうです。「そんな事態が起こるとは考えてもみなかった」と嘆くか、「準備しておいて助かった」と言えるかは、今のあなたの決断次第なのです。

思い込み④会社は一丸となって利益を追求するもの

私は昔からスポーツの指導者でもあったので、日本代表チームとして国際試合に出場する野球やサッカー、ソフトボール、ラグビーのような皆で力を合わせて勝利を勝ち取る世界観が好きでした。会社もそうあってほしいと願っていました。

ところが、少なくとも私が勤めてきた会社はそれとはかけ離れていました。体を動かそうとせず、頭も使わず時間の経過を待つだけの社員。上司に媚びへつらってコバンザメのように生きる社員。悪口を言い人の足を引っ張るだけの社員。そういう人たちを含めた集まりが、会社組織というものでした。

特許を取得し、会社に何億もの利益をもたらしても、私が受け取った報奨金はたったの100万円でした。上司がいつも優れているわけではなく、年功序列や同族経営の企業も数多くあります。仮に自分では間違っていると思う命令があったとしても、上司に従わなければならないこともあります。そして会社は、働かない社員の給与を働いた社員から搾取する世界でした。

自分の能力に自信が持てるなら、すべてを自分が決め、利益のすべてを受け取れる世界に早く飛び込むべきです。

思い込み⑤家族はいつまでも健康である

家内は15年前に難病に罹患し、私が57歳のときには同居する両親が2人ともに同時に入院する事態が突然発生しました。兄弟のいない私は週に3日ほど休むような状態で、出社することがままならず、結局、退職を余儀なくされました。

その時点で家賃収入が月に60万円ほどあったため、辞める選択ができました。家賃収入がなければ、生活のために苦しみながら会社にしがみついていたでしょう。

自分だけでなく家族の健康問題でもサラリーマンは窮地に追い込まれる可能性があります。そんな場面に遭遇したとき、経済的余裕と時間的余裕の両面で支えてくれるのは不労所得しかありません。

思い込み⑥65歳になれば年金で生活できる

今後の日本の年金制度は政府の思惑どおりには進まず、破綻しないまでも支給額は大幅に減少することは明らかです。

１９６０年に11・２人で１人の年金生活者を支えていたものが、２０６０年には１・４人で１人を支えることになります。政府の甘い年金見通しは、選挙で勝つための机上の空論でしかありません。

おそらく多くの人が今後の年金事情を理解していますが、悲惨な未来を直視する勇気がなく現状にフタをして真剣に考えることを先送りにしているのです。

時間は多くは残されていません。少しでも早く自助努力による安定収入確保への行動を開始すべきです。

2 不労所得獲得への第一歩はできるだけ早く

50代からはじめるなら、相続も意識する

不動産投資による不労所得の獲得は、「時間をお金に換えていく作業」ということができます。そのため開始時期は、早ければ早いほどよいのです。

30歳代前半までにはじめることができれば、ゆっくり進めたとしても定年を迎えるまでに月に１００万円の不労所得を獲得することはそれほど困難ではありません。

50歳代ではじめたとしても、目標値は下げる必要がありますが、年金と合わせればある程度余裕のある収入を獲得できるでしょう。

特に50歳代になると、相続も意識した資産形成が不可欠です。金融商品と比べ、不動

産資産は評価額が低く算定されるため、相続税対策として非常に優れた一面もあります。逆に言えば、何億もの資産を金融商品だけで保有していたら、相続税は莫大な金額になってしまうのです。

私は46歳で不動産投資をはじめましたが、初期の段階でゆっくり進めすぎたことを後悔しています。今の知識を持って46歳時点に戻ることができれば、資産形成のスピードを上げ、総資産額はもっと拡大し、おそらく家賃収入も大きくなっていたに違いありません。

不動産投資による不労所得の獲得を早い時期にはじめた人はもちろん、私のように少し出遅れてはじめた人、さらに50代になってからはじめたというスロースターターも、いちばん効率的な方法は、初期段階で不動産スキルを獲得する期間を、他人の知識を導入しながらショートカットすることです。

3

60歳をすぎて金銭的余裕のない人生を想像してみる

足掻《あが》かなくていい60代に向けて行動を起こす

私はすでに65歳をすぎました。年金生活に入っている同世代を観察しても、金銭的に余裕のない人は心の余裕を持つことができず、見ていてすぐわかります。

しかし、その人たちの多くがこれまで怠けて生活していたわけではありません。ほとんどの人が紆余曲折はあったにせよ、40年近くサラリーマンとして勤め上げてきたはずです。

40年の答えが金銭的に余裕のない状況であるなら、日本の年金制度はどこか間違っている気がします。そして、その年金制度が改善されないことは、周知の事実です。60代になって「日本の年金制度はどこか間違っている！」と声高に叫んでも、年金制度が改善されることはありません。叫ぶだけ時間と労力の無駄ということもできます。

20代でお金がないのは、いわば勲章のようなもので、今後の本人の生き方・暮らし方に期待することもできるでしょう。ところが、60歳をすぎて金銭的に余裕のない状態に陥ってしまうと、もう抜け出すことができません。

年金だけで余裕のある生活を確保することが不可能ということはわかっています。行動を起こさなければ、何も変わりません。しかし、誰もが恐れているようにギャンブル性の高い投資に手を出せば、さらにピンチに追い込まれます。

結局、残された方法は、安全で再現性の高い「東京のワンルーム投資しかない」と私は思います。

4 不動産投資をしていることは職場では話さない

不動産投資のことは、不動産投資仲間にしかわからない

不動産投資が順調に進み収益が上がってくると、誰かに話したくなるのは心情的に理解できます。しかし、特に勤務先では話さないほうが賢明です。

「今は副業ＯＫの時代。多くの企業で二足の草鞋、三足の草鞋を認めていますよ」

そんな声も聞かれますが、「不動産投資をやっていることについて、職場では話さないのが賢明」という考えは変わりません。

その理由は、まだ副業制度が十分に根づいているとは言えないことと、話したくなる本人は勤め先で管理職も多く、管理職は一般社員と同様の服務規定・就業規則で働いて

いるとは言えないからです。

私の場合は、家内には当然話していましたが、お金の運用先として定期預金しか知らない同居する両親には、不動産投資をはじめて10年間ほどは隠していました。結局、通帳に毎月何十万円と振り込まれる状態になり、誰から見ても成功したと言える状態になってはじめて両親に伝えました。サラリーマン時代の同僚で、私が不動産投資で成功していると知っている人は、ほとんどいません。

不動産投資の知識・知見のない人に、その内容を理解できるわけがありません。彼らは「大きなローンを組んで自宅を購入するもっとも危険な行為には賛成し、毎月お金が振り込まれる投資用マンションの購入は反対する」という、私からすれば理解できない人たちなのです。不動産投資で成功していることを同僚などが知れば、羨望するか妬《ねた》むか、いずれにせよ自分にとっていいことはありません。

不動産投資のことは、実践している不動産投資仲間にしかわかりません。ですから、成功した不動産投資仲間を多く持ちましょう。その仲間がたくさんいることが、今の不動産投資が間違ってない証拠でもあります。

5

ＦＩＲＥが実現したときの目標を明確に持つ

経済的な自由と時間的な自由、2つの自由をめざす

かつて、退職後に経済的な自由を得たときの私の目標は「ハワイへの移住」でした。それは今でも基本的には変わっていません。

ＦＩＲＥをしても手持ち無沙汰になって、元の勤め人生活に戻るような現象も一部にはあるようですが、それも大袈裟に言うと目標をなくしてしまったことが理由のように思えます。

ハワイは私にとって10回以上訪れたことがある憧れの地で、不動産投資をはじめた頃は、ハワイに長期滞在することを夢見ていました。寒い時期はなく、かといって日本の

夏のように暑すぎるわけでもありません。ワイキキ周辺は東京の銀座と沖縄が背中合わせにあるような理想的なリゾート地です。最近は電車も通るようになり、さらに利便性がアップしたと聞きます。

ただ、家内が難病に罹患してからは、急に悪化する危険性もあり、担当医からは渡航を止められています。そのため夢の実現はむずかしいのですが、経済的な自由と時間的な自由は変わらないままです。

この2つの自由は、心の安定と開放感をこれからも与え続けてくれることでしょう。幸せの根幹を形成するものだと感じています。

ハワイの代わりはいつでも見つけられる

2つの自由がもたらす幸せの量は絶大です。これさえ確保できていれば、ハワイの代わりはいつでも見つけられそうです。

最近の円安により海外から多くの観光客が日本に訪れ、各地でオーバーツーリズム状態になっているニュースを見ることがあります。そのたびに「世界の憧れの地に今私たちが住んでいることは、ベストなのかもしれない」と考えるようになりました。

海外で4000円のラーメンを財布の中身を気にしながら食べるよりは、500円の牛丼を気兼ねなく食べることのできる日本は夢の国なのかもしれません。しかも治安のよさは、世界トップクラスです。

現状はドラえもんの『どこでもドア』の開発が待たれるところです。ちなみに、「LINEリサーチ」によるアンケート調査では、『どこでもドア』の平均希望落札額は1200万円だそうです。思ったほど高くないので、発売されれば買えそうな気がします。東京ワンルームの不動産投資家にとっては、誰も東京に住まなくなるかもしれないという懸念点はありますが……。

目標や夢はいくつ、どのように持ったとしても、本人の自由。『どこでもドア』は2つの自由から生まれる3つ目の自由なのかもしれません。

6 健康でなければ充実したセカンドライフとは言えない

経済的・時間的自由が導く「健康的自由」

私のサラリーマン時代は就業中、優先順位の第一が「仕事」でした。食事時間も不確定で、時間がないため〝超早食い〟が身についていました。そのうえ接待や飲み会の設定も多く、「寝ないで仕事するのがエリート」だという勘違いもはなはだしい思い込みもありました。数十年サラリーマン生活を続けると多くの人が〝歩く成人病〟の完成型に近づいていく、そのような状態でした。

しかし、退職後は暴飲暴食もなくなり、余裕のある時間を使って毎日1時間ほどウォーキングもしています。すると血圧も血糖値も大幅に改善され、標準体重をキープするようになりました。

あのまま仕事優先の生活を継続していたら、命を落としていた可能性もかなり高かったと思います。そんな私にとって、大袈裟に言うと、不動産投資は神様のようでした。不動産の神様は私に、「早期退職をして、家族のためにもう少し生きろ！」と言ってくれたのだと思っています。

今は、週に5日は目覚まし時計をセットしないで自然に目が覚めたときに起きる生活です。経済的・時間的自由は心身の健康を生む。これらの自由を手に入れるとは、健康にすごせるということだと感じています。

豪邸も高級ブランド品も高級車も特に必要性を感じることのない私には、今の生活で十分です。週に数回のモーニングコーヒーや年に数回の高級外食程度で満足感が得られているので、安上がりなのかもしれません。

7 「わかっていても何もしない」のは、よくないこと

お金のかからないところまでは、とにかくコマを進めてみる

政府が少子化対策に国家予算を注いでも、日本の出生率には改善の傾向は見られません。つまり高齢化社会が継続し、今後も年金の支給に国が困窮するということです。

そう考えたくない気持ちは理解できます。しかし、今以上に年金の実質支給額が下がり、受給開始日が遅れていくのは避けられないでしょう。そう割り切って、今から行動しておくべきです。今後も幾度となく出されるであろう年金改悪の政府案に声を大にして反対意見を叫んでも、国としては、ない袖を振れるはずがないのです。

最近の多くの若い人たちは、自分たちに将来納得できる年金額が支給されないことを

十分に理解しています。問題なのは、それに対処すべき行動がほとんどなされていないことです。

そう言うと「今の生活が苦しいのに、将来なんて構築できない」と若い人から反論が返ってきそうです。しかし、反論しても国が「年金の実質支給額が下がり、受給開始日が遅れていくこともやむなし」という対応ですから、チャンスが来たときにすぐ行動できるように、勉強だけは自分から今すぐはじめるべきです。

不動産投資についての基本的な考え方は、「お金のかからないところまでは、とにかくコマを進めてみる」ことだと思います。それさえ否定するのであれば、それは〝できない〟のではなく〝やらない〟のです。20年後、30年後、「あのときババ、貧乏くじを引いた」と嘆いても、しかたありません。

コマを進め勉強をはじめた人は、きっと「不動産投資のハードルはそれほど高くない」と気づくはずです。気づけば、今、自分自身ができること・すべきことがより鮮明に見えてくるはずです。

あとがき

私が以前働いていた会社の他部署の部長クラスのAさんが、60歳の定年を迎えられたときのことです。そのまま退職されると思っていましたが、Aさんは再雇用制度を利用して役職を剥奪されたまま継続して雇用契約を結んだのです。

このことを聞いて、驚きを隠せませんでした。確かに仕事に対する最終責任はなくなり、毎日、定時退社になったとはいえ、約18万円の薄給で若い社員の指示に従わなければならない働き方は、他人ごととはいえ納得のできない出来事でした。

その後、同様の待遇で知り合いの1人が再雇用で働いているのを聞き、「私たちの年代では、それほどめずらしいことではない」と理解しました。

最近、〝老後破産〟という言葉をよく耳にします。破産の原因はいろいろあるようですが、ライフバランスを保つことができないのが原因の1つと言われています。働いて稼いでいたときの給料が年金に置き換わり、大幅に収入が下がった状態であるにもかかわらず、今まで長きにわたって継続してきた支出を抑えることができず、貯金を切り崩し続けた結果、最後は蓄えが底をつき破産するのです。

私は57歳で退職しましたが、家庭の事情もあり、会社からの収入がなくなったあとも大幅に支出を下げることはできませんでした。私に不動産投資という〝防波堤〟がなければ、老後破産が現実になっていたことは容易に想像できます。

私の収入源となっているマンションは現在17戸あります。その家賃収入は今後下がることも考えられますが、まだ受け取っていない年金がそれを補填してくれるはずです。ローン返済が自動的に進めば、家賃収入などの受取額はまだ上がっていきます。

さらに（実施する可能性は低いとは思いますが……）ローンを完済した物件を2年に1戸ずつ売却すれば、物件取引価格が下がっていく前提であっても34年間は困らない計算です。

今の日本では、40年間まじめにサラリーマンとして働いて平均以上の年金を受け取ったとしても、満足感の得られる生活は待っていません。しかし、あせって間違った投資に足をすくわれては、さらに悲劇的な結果にもなりかねません。莫大な資産は構築できなくても、安全な投資手法で人生の防波堤を構築していってほしいと願うばかりです。
不動産投資による明るい未来形成を、本書を手にされたすべての人に贈ります。1人でも多くの人が本書やセミナーを通じて幸せを掴んでいただけることをライフワークとして活動しています。私の前著4冊もあわせて読んでいただけましたら、より理解を深めていただけると思います。ぜひ、ご一読ください。

『妻を社長にしてワンルーム経営』(かんき出版)
『私が東京の中古ワンルーム投資で自由な人生を手に入れた方法』(秀和システム)
『サラリーマンを辞めたくなったら読む不動産投資の本』(秀和システム)
『私にはムリ!と思い込んでいる人のための不動産投資の基本』(秀和システム)

そしていつか不動産投資仲間としてお会いできる日が来ることを楽しみにしております。
出会いとは運や偶然ではなく、努力と情熱の結果なのですから……。

2025年3月

台場史貞

著者プロフィール

台場史貞（だいば・ふみさだ）

◎名古屋の理系大学卒業後、エンジニアとして就職するが、自分では回避できない理由が発生し、3度の転職をしながら4つの会社を渡り歩く波乱万丈のサラリーマン人生を経験。バブル期の前後、当時“財テク”と言われていた金融商品を中心に株式・金投資を交えて運用し、資金を確保。

◎会社に依存しすぎた自分の経済状況から脱却すべく、2004年に安全性を重視した中古マンション投資を開始。現在、17戸のマンションを保有し、2016年に両親の入院を期にサラリーマンを早期退職。

◎年間家賃収入は1,600万円、実質手取り100万円/月以上の不労所得を確保しながら、サラリーマンの不安定さと不労所得の重要性をセミナー等で語り、自身もさらなる不労所得の拡大をめざし活動中。

◎不動産セミナーに190回以上登壇し、経験を活かして先輩投資家の1人として相談者を幸せに導くことをライフワークとして活動中。目先の大きな利益よりも安全性を重視した投資法を推進し、すべての相談者を成功に導く、楽しい不動産投資を最大の目標としている。

金利高《きんりだか》でもやっぱり
東京中古《とうきょうちゅうこ》ワンルームマンション
投資《とうし》が最強《さいきょう》です!

発行日　2025年　3月23日　第1版第1刷

著　者　台場《だいば》　史貞《ふみさだ》

発行者　斉藤　和邦
発行所　株式会社　秀和システム
〒135-0016
東京都江東区東陽2-4-2　新宮ビル2F
Tel 03-6264-3105（販売）Fax 03-6264-3094
印刷所　三松堂印刷株式会社　Printed in Japan

ISBN978-4-7980-7488-7 C0034